돌아서서 후회하지 않는 대화법

돌아서서 후회하지 않는 대화법

초판 1쇄 | 2015년 9월 5일

지은이 | 박봉수
펴낸이 | 이금석
기획 · 편집 | 박수진
디자인 | 김현진
마케팅 | 곽순식
물류지원 | 현란
펴낸곳 | 도서출판 무한
등록일 | 1993년 4월 2일
등록번호 | 제3-468호
주소 | 서울 마포구 서교동 469-19
전화 | 02)322-6144
팩스 | 02)325-6143
홈페이지 | www.muhan-book.co.kr
e-mail | muhanbook7@naver.com

가격 13,000
ISBN 978-89-5601-394-7 (03320)

돌아서서
후회하지 않는
대화법

박봉수 지음

무한

말과 제스처는 의사소통을 하는데 중요한 매개체이자 도구이다. 태어나서 죽을 때까지 이 도구를 활용한다. 어떤 사람들은 이 도구를 효과적으로 활용하여 관계를 증진하거나 비즈니스를 하는데 매우 유용하게 활용한다. 그러나 혹자는 이 도구를 잘못 사용하여 갈등을 만들거나 상처를 주기도 한다. 또한 진의가 잘못 전달되어 오해를 빚기도 한다.

당신은 사람들과 효과적으로 의사소통하고 있는가? 당신이 의도한 바를 말이나 행동으로 상대방이 이해하기 쉽도록 표현하고 있는가? 또한 상대방의 이야기를 충분히 이해하는가? 유감스럽게도 보통 사람들의 의사소통률은 36%밖에 되지 않는다.

커뮤니케이션에서는 말하는 사람을 '송신자' 듣는 사람을 '수신자'라고 한다. 송신자와 수신자 사이에서 대화가 오가는 것을 의사소통이라 한다. 당신은 의사소통을 잘하고 있는 사람인가? 그렇다면 의사소통률이 얼마나 되는가? 90% 이상, 80% 이상 아니면 최소 70% 이상인가? 유감스럽게도 그렇지 못한 것이 현실이다. 말하는 사람은 자신이 의도한 바를 60%밖에 표현하지 못한다고 한다.

이야기를 듣는 사람도 상대방의 이야기를 100% 이해하지 못한다. 대화 중 상대방의 이야기를 이해하지 못하고도 고개를 끄덕여 본 적이 없는가? 상대방이 무안해 할까봐, 또는 자신의 체면 때문에 상대방의 말뜻을 이해하지 못하고도 이해했다는 제스처를 보낸 경험은 누구나 있을 것이다. 이런 이유 때문에 상대방의 이야기를 보통 사람들은 60% 정도밖에 이해하지 못한다. 그래서 의사소통률은 0.6×0.6 =0.36 즉 36%밖에 되지 않는다.

의사소통률이 36%밖에 되지 않는 이유는 여러 가지 원인이 있을 수 있다. 송신자와 수신자의 의사소통의 방식이 다르거나, 관심 분야나 대화의 목적이 달라서, 표현 스킬이 부족해서 등 여러 가지 이유가 있을 수 있다. 이 책은 이러한 원인을 효과적으로 제거하여 원활한 의사소통이 이루어지도록 다음과 같이 6개의 장으로 구성하였다.

제1장에서는 '대화의 신이 되는 법은 간단하다'를 주제로 주도형/안정형/사교형/신중형인 사람 설득법, 공통점 찾기의 중요성, Yes, But 화법, 니즈(Needs) 파악 방법 등에 대하여 기술하였고,

제2장에서는 '돌아서서 후회하지 않는 대화법'을 주제로 대화의 목적 명확화 방법, 지루한 사람 물리치는 요령, 자아존중감 제고 방법, 효과적인 거절법, 실수를 수습하는 방법 등을 기술하였으며,

제3장에서는 '호감도를 높여주는 대화법'을 주제로 칭찬의 기술, 긍정적인 말의 중요성, 언쟁하지 않고 대화하는 방법, 경청의 기술, 교양 있게 말하는 방법 등에 대하여 기술하였다.

제4장에서는 '유쾌하게 이기는 대화법'을 주제로 손익감정을 활용한 호소방법, 논리적 사고와 가치귀착, 비유를 활용하는 방법, 권위자 행세하기, 반론에 대한 효과적인 대응방법 등에 대해 기술하였고,

제5장에서는 '사람을 얻는 마법의 대화법'을 주제로 맞장구치는

방법, 동조성의 원리, 효과적으로 대화를 끊는 방법, 긍정적 피드백(칭찬), 발전적 피드백 방법 등에 대해 기술하였으며,

제6장에서는 '성공하는 사람들의 말하기 습관'을 주제로 초두효과, 후광효과, 질문 스킬, 첫인상의 중요성, 위기의식 조성방법, 간헐적 강화 방법 등을 기술하였다.

이 책을 그대로 따라 하게 되면 누구나가 사람들과 좋은 관계를 형성하고 유지할 수 있고, 비즈니스에서도 고객을 효과적으로 설득할 수 있을 것이다. 아무쪼록 의사소통의 주요 전달매체인 말과 제스처(몸짓언어)를 효과적으로 활용하여 이 세상을 좀 더 따뜻하게 만드는 데 도움이 된다면 더할 나위 없이 기쁘겠다.

— 박봉수

목차

제5장 기분 좋게 상대의 마음을 훔쳐라

제6장 부와 성공아, 나를 따르라

제1장

대화의 신이 되는 법은
간단하다

01
대화는
패스볼이다

필자는 출장을 다닐 때 대중교통을 주로 이용한다. 어느 날 서울역에서 하차하고 대합실을 나오니 어떤 할머니께서 길을 헤매시는 것 같아 정중하게 다가가 여쭈었다.

"할머니, 어디 가시나요?"

"나는 경상도 가시나다."

할머니는 내가 기대했던 것과 달리 이렇게 대답을 하셨다.

어떤 날은 전라도로 출장을 가는데, 잠시 담배를 피우고 온 사이 할아버지께서 내 자리에 앉아 계셨다. "할아버지, 여기는 제 자리입니다" 이렇게 말씀드릴 수 없어 대신 이렇게 여쭈었다.

"어디까지 가시나요?"

"나 핵교 가요."

이렇게 답변을 하셨다. 그래서 다시 여쭤봤다.

"그러면 노인 대학 가시나요?"

"아니요, 난 핵교 가요."

열차에서 담배를 피운 일은 오해 없으시길 바란다. 지금은 열차 내 모든 구역에서 금연이지만 그 당시만 해도 화장실 앞에서 흡연이 가능했다.

경상도 말로 '가시나'는 여자를 뜻한다. 할머니께서는 "여자인가? 남자인가?"를 물어보는 줄 알았던 것이다. 그리고 지금은 함평역으로 바뀌었지만, 80년대 말까지 함평역은 학교역으로 불렸다. 할아버지께서 말씀하신 학교는 '학교역까지 가신다'는 뜻이었다.

만약 당신이 "곤충을 3등분하면 어떻게 될까요?"라는 질문을 받았다면 어떤 대답을 했을까? 아마 생물학 수업을 충실하게 들었다면 '머리, 가슴, 배'라고 대답할 것이다. 하지만 어떤 이는 "곤충을 3등분하면 죽는다"고 대답한다.

대화는 패스볼과 같다. 상대방이 공을 잘 받을 수 있도록 정확하게 패스해야 한다. 그리고 그 공을 받은 사람은 상대방이 다시 잘 받을 수 있도록 패스해 주어야 한다. 어느 한 사람이 패스를 잘 못하면 팀워크가 깨진다. 볼을 골로 연결시키기 어려워진다.

패스볼을 할 때 상대방이 공격수라면 공격수에 맞는 공을, 수비수라면 수비수에 맞는 공을 패스해 주어야 한다. 이때 서로의 수준 즉 입장의 차이를 판별한 후에 공을 패스해 주어야 한다. 상대방이 자신의 공을 잘 받지 못한다고 하여 혼자서 볼을 몰고 전력 질주해서는 안 된다. 상대방의 행동반경을 미리 예측해서 공을 패스해야 한다.

대화를 할 때도 마찬가지다. 상대방의 입장을 먼저 이해하고 이야기해야 한다. 차이점을 인정해야 한다. 상대방의 입장을 고려해 공을 패스해야 상대방이 볼을 잘 잡을 수 있다. 상대방의 입장을 고려하지 않고 막무가내로 공을 패스하면 상대방이 공을 잡을 확률은 떨어진다. 우연히 공을 어렵게 잡았다고 해도 다음 사람에게 쉽게 패스할 수 없게 된다.

하지만 말하는 사람과 듣는 사람 사이에 입장과 견해 차이로 대화가 어려운 경우도 있다. 그러면 입장과 견해는 왜 차이가 나는 것일까?

- 상대에 대한 이해 부족
- 대화 목적의 차이
- 가치관의 차이
- 성향의 차이
- 언어의 차이
- 자라온 환경의 차이
- 부모의 양육방법의 차이 등

어떻게 하면 입장의 차이를 줄일 수 있을까? 차이의 원인을 제거하면 된다. 상대에 대한 이해의 폭을 넓히고 기대치를 줄이며 상대의 성향을 파악하면 된다. 대화는 패스볼이다. 상대방을 이해하고 상대방이 원하는 쪽으로 공을 차는 것이다. 상대가 전진하려는 모션을 하는데 후방으로 볼을 차 주면 상대방은 볼을 캐치하기 어려워진다.

02
주도적인 사람
설득하기

　매우 도전적이고 주도적인 사람들이 있다. 어떻게 그들이 주도적인 사람인지 알 수 있고, 이런 사람은 어떻게 설득해야 할까? 만일 그들이 다음과 같은 말이나 행동상의 특징이 있다면 그들은 주도적인 사람이라고 말할 수 있다.

〈특징〉

- 빠르게 결과를 얻는다.
- 다른 사람의 행동을 유발시킨다.
- 도전을 잘 받아들인다.
- 의사결정을 빠르게 내린다.
- 기존의 상태에 문제를 제기한다.
- 지도력을 발휘한다.

- 어려운 문제를 잘 처리한다.
- 목소리가 크다.
- 말의 속도가 빠르다.

〈장점〉

- 도전정신이 강하다.
- 일에 대한 두려움이 없다.
- 결과에 깨끗이 승복한다.
- 목표지향적이다.
- 자기 일에 최선을 다한다.
- 강력한 추진력이 있다.
- 동료들에게 신뢰를 받는다.
- 주관이 뚜렷하다.

〈단점〉

- 독선적으로 흐르기 쉬워 따돌림을 당하는 경우가 있다.
- 타협에 인색하여 합의점을 찾기 어려운 경우가 많다.
- 성격이 급하여 일을 그르치는 경우가 종종 발생한다.
- 자기주장이 강하여 주변을 무시하는 경향이 있다.
- 신중함이 부족하여 일을 완벽하게 처리하지 못하는 경우가 있다.
- 쉽게 싫증을 느껴 일을 완성하지 못하는 경우가 있다.

주도적인 성향의 클라이언트를 설득하려면

첫째, 결론부터 말한다.

상대방이 요청할 경우에 한하여 부연 설명한다. 먼저 부연하여 설명하면 짜증을 내기도 한다. 이들은 결론 중심의 대화를 원한다.

A: 보고 절차는 추진배경, 현상 분석~

B: 결론부터 말해주세요. 결론이 뭡니까? 참 답답하네.

A: 결론부터 말씀드리자면 마이크로 프로세서의 핵심은~

B: 좋습니다. Micom 기술에 대해서는 메일로 내일까지 보내주기 바랍니다.

둘째, 직접적으로 커뮤니케이션의 핵심을 말해야 한다.

사교적인 덕담으로 대화를 시작해서는 안 된다. 그들은 돌려서 말하는 것을 싫어하고 사실을 중시한다. 그들을 설득하기 위해서는 관계지향적인 대화는 줄이는 것이 좋다.

셋째, 다른 주제로 넘어가기 전에 의견이 일치된 부분을 확인한 후 넘어가야 한다.

그들은 대화를 할 때 듣고 싶은 말만 선택적으로 들으려는 경향이 있으므로 대화의 핵심을 놓치는 경우가 종종 발생한다.

넷째, 결론유도형 질문에 대비해야 한다.

이들은 이미 결론을 내려놓고 질문하는 경우가 많다.

A: 내 생각에는 A방안이 가장 좋다고 생각하는데 어떻게 생각합니까?

B: …….

이미 이렇게 결론을 내버린 상사를 설득하기 위해서는 객관적이고 철저한 사전 준비가 필요하다.

다섯째, 목표 중심의 대화를 해야 한다.

일을 추진하기 전에 목표에 대해 먼저 이야기하고 결론을 낸 다음 일을 추진해야 한다. 이 성향은 목표지향적인 성향이 강하기 때문이다. 이들은 목표가 정해지지 않으면 다음 일을 추진하지 않는다.

여섯째, 'What' 질문에 대비해야 한다.

회사에서 야유회 계획이 있다. 주도형 성향의 사람들은 "무엇을 하러 야유회에 가는 것입니까?"라는 질문을 한다. 이들과 대화할 때는 'What'이라는 질문에 대비해야 한다.

바쁜 아침 엘리베이터에서 이들은 어떻게 행동할까? 이들은 재빠르게 '닫힘' 버튼을 누른다. 이들은 종종 다른 사람들의 견해나 감정을 무시하는 경우가 있다.

　이 유형의 사람들로는 박정희 대통령, 전두환 대통령 등이 있다. 기업에서는 벤처기업가들 중에 이 성향의 사람들이 많다.

03
안정형인 사람
설득하기

안정형인 사람은 변화를 좋아하지 않는다. 일과 사람 중에 어느 것이 더 중요하냐고 질문하면 이들은 사람이 더 중요하다고 말한다. 다음과 같은 특징이 있다면 그들은 안정형이라고 할 수 있다.

〈특징〉

- 예측 가능하고 일관성 있게 일을 수행한다.
- 참을성이 있다.
- 전문적인 기술을 개발한다.
- 다른 사람을 돕고 지원한다.
- 충성심을 보인다.
- 남의 말을 귀담아 잘 듣는다.
- 흥분한 사람을 진정시킨다.

- 팀지향적이며 느리다.
- 혼자 일하는 것을 두려워 한다.
- 변화를 두려워한다.

〈장점〉
- 정직하다.
- 화합과 포용력이 있다.
- 열심히 일한다.
- 인정이 많다.
- 남을 배려하고 긍정적이다.
- 다른 사람과의 협력을 좋아한다.
- 대인관계가 원활하다.
- 희생정신이 강하다.

〈단점〉
- 부탁을 잘 거절하지 못한다.
- 결단력이 부족하다.
- 주장이 약하다.
- 결정이 늦다.
- 추진력이 부족하다.
- 나서기를 싫어한다.
- 우유부단함이 있다.

• 말이 적은 편이다.

안정형 스타일의 클라이언트를 설득하려면

첫째, 토론을 먼저 시작하지 않으므로 사전에 자유로운 분위기를 조성해야 한다.

관계지향적 대화를 먼저 시작한 후, 사실지향적 대화로 전환하고 마무리는 관계지향적 대화로 마무리한다.

둘째, 새로운 것을 설명할 때는 조심스럽게 접근해야 한다.

이들은 여간해서 신제품을 구매하지 않는다. 이들은 변화를 싫어하기 때문에 새로운 것을 언급할 때는 이를 명확히 검증하여 안정된 것임을 확인해 주어야 한다. 논리적으로 정보를 제공하여 확신을 갖도록 하는 것이 중요하다.

셋째, 질문을 할 경우 충분히 생각할 시간을 주어야 한다.

이들에게 질문에 대한 즉답을 요청할 경우 이를 매우 부담스러워하며 당황해 한다. 그들에겐 답을 생각해낼 시간이 충분히 필요한 것이다.

넷째, 가정적인 문제에 관심을 가져주어야 한다.

이들의 가정적 문제는 일과 연결된다. 나아가 가정적인 문제해결을 우선시하는 경우도 있다. 따라서 가정적인 문제가 발생했을 때는 이를 해결하도록 도와주거나 배려해주어야 한다.

다섯째, 함께 일한다는 것을 사전에 말해주어야 한다.

이들은 독립적인 업무수행을 매우 두려워한다. 따라서 이들과 업무를 도모할 때는 함께 일할 사람이 항상 옆에 있다는 것을 인식시켜주어야 한다. 그래야 안정적으로 업무를 수행할 수 있다.

여섯째, 'How' 질문에 대비해야 한다.

회사에서 야유회 계획을 수립할 때 이들은 '야유회를 어떻게 갈 것입니까?'라는 질문을 한다. 이들은 질문하는 것에 익숙하지 않지만, 이들과 대화할 때는 'How' 질문에 친절하게 응대해야 한다.

이 유형의 인물로는 최규하 대통령, 테레사 수녀 등이 있다. 우리나라 사람들 중 이 유형의 사람들이 가장 많다. 이 유형의 사람들은 다른 사람들의 이야기를 잘 경청한다.

또한 이들은 외부로부터의 압력이나 스트레스를 받았을 때 지나치게 자신을 양보하는 경향이 있다. 상대에 대한 지나친 배려심 때문이다. 따라서 안정형은 때때로 과감한 결단력을 보여주는 노력을 기울여야 한다.

안정형은 바쁜 아침 엘리베이터 앞에서 어떤 행동을 보일까? 이엘리베이터를 탈까? 저 엘리베이터를 탈까? 고민하다 엘리베이터를 타지 못하고 계단으로 올라간다.

04
신중한 사람
설득하기

　정확성, 명확성, 기준을 중시하는 사람이 있다. 이들은 '돌다리도 두드려보고 가는 사람'이다. 일의 속도가 느리며 일과 사람 중에 일을 더 중시하는 과업형 인간이 바로 신중한 사람이다. 말과 행동 중에 다음과 같은 특징이 있다면 이들은 신중형 인간이다.

〈특징〉

- 중요한 지시나 기준에 관심을 둔다.
- 세부사항에 신경을 쓴다.
- 분석적으로 사고하고 찬·반, 장단점 등을 고려한다.
- 예의가 바르고 격식을 차린다.
- 갈등에 대하여 간접적 혹은 우회적으로 접근한다.
- 일을 정확하게 한다.

- 업무를 비평적으로 분석한다.
- 상황이나 활동에 대해 체계적으로 접근한다.
- 업무처리 속도가 느리고 매우 꼼꼼하다.

〈장점〉

- 체계적이고 논리적이다.
- 책임감이 강하다.
- 일에 대한 실수가 적다.
- 상호 간 신뢰성이 높다.
- 문제점을 쉽게 도출, 적용한다.
- 다수의 의견을 존중한다.
- 조직에 피해를 주지 않는다.
- 체계적으로 일한다.

〈단점〉

- 수동적인 경향이 있다.
- 의사결정이 늦다.
- 시간이 많이 걸린다.
- 급격한 변화에 적응이 늦다.
- 자기표현이 약하다.
- 보수성이 강하다.
- 비판을 많이 한다.

• 과감함이 부족하다.

신중한 사람을 설득하기 위해서는 그들의 일반적 특징, 장점, 단점
도 이해해야 하지만 다음 사항을 유념해야 한다.

**첫째, 사적인 부분에 관한 것은 토론을 피하고 공식적인 의사소통에 집
중해야 한다.**

이들은 과업지향적인 사고 패턴을 가지고 있기 때문에 사적인 일
을 공식적인 업무에 끌어들여서는 안 된다.

둘째, 논리적이고 체계적으로 말해야 한다.

의사소통 목적을 직접적으로 말해야 한다. 말을 돌려서 이야기하
면 말의 의미를 이해하지 못하는 경우가 많다. 따라서 어떤 경우든
사실을 바탕으로 대화의 핵심을 직접적으로 말해야 한다.

셋째, 반응 전에 정보를 처리할 수 있는 시간을 주어야 한다.

이들은 매우 신중하기 때문에 대화 중에 반드시 생각할 '뜸'을 주
어야 한다.

넷째, 'Why' 질문에 대비해야 한다.

이들은 근거와 사례를 중시하므로 어떤 질문이든 근거 중심의 질
문을 하므로 이 질문에 대한 명확한 대비를 해야 한다. 사실에 대한

근거를 제시해야만 이들을 설득할 수 있으므로 사전에 질문에 대해 철저하게 준비해야 한다. 이들은 'Why' 질문을 선호한다.

회사에서 야유회 계획이 있다면 이렇게 질문할 것이다.

"야유회는 왜 가려고 하는 건데요?"

다섯째, 이들과 일을 할 때는 실수에 철저히 대비해야 한다.

이들은 매우 철저하고 꼼꼼하게 일을 하는 편이라 타인의 실수를 용납하지 않으려는 경향이 있다. '돌다리도 두들겨 보고 건너라'는 속담을 몸소 실천하고 있고, 상대도 그렇게 하길 바란다.

여섯째, 사람도 중요하다는 사실을 인식시켜야 한다.

이 성향의 사람들은 일 중심적 패턴을 가지고 있어 일과 사람 중에 하나를 선택하라고 하면 일을 선택한다. 그러나 일은 사람들과 좋은 관계를 유지하면 저절로 이루어진다는 것을 이해시켜야 한다.

안철수 대표, 노태우 대통령 등이 이 성향에 가까운 사람들이다. 업무현장에서는 회계업무를 담당하는 사람들 중에 이 성향의 사람들이 많이 포진하고 있다.

바쁜 아침 엘리베이터가 만원이 되어 부저가 울렸다. 이때 신중형은 관찰력이 뛰어나고 냉철한 부분이 있어 이렇게 말한다.

"학생 내려!"

그래도 부저가 울린다.

"아저씨도 내리세요."

그래도 부저가 울리면

"아주머니도 내리세요."

늦게 탑승한 순서대로 내리도록 한다. 신중형은 이러한 꼼꼼함과 정확성 때문에 외부로부터 압력을 받으면 비판적으로 변하는 경우가 종종 발생한다. 또한 차계부를 써본 경험이 있는 사람 중에 80% 정도는 신중형이다.

늦은 퇴근으로 주차장이 만차가 되어 부득이하게 중앙통로에 주차를 하는 경우가 있다. 이때 주도형은 문을 힘차게 닫고 곧바로 계단으로 향한다. 그러나 신중형은 다르다. 기어가 중립인지 확인한 후 문을 닫고 창문 너머로 다시 확인한다. 그리고 문을 닫은 후 보닛 앞으로 가 차가 움직이는지 손이나 발로 다시 한 번 확인한다. 그들의 정확성에 대한 절대적인 신념 때문이다.

05
사교적인 사람 설득하기

　사교적인 사람은 일보다는 인간관계를 더욱 중시한다. 이들은 사람들과 관계를 정립하는데 매우 빠른 속성을 가지고 있다. 이들을 설득하기 위해서는 사람에 초점을 두어야 한다. 대화의 상대가 다음과 같은 특징이 있다면 그는 십중팔구는 사교적인 사람이다.

〈특징〉

- 사람들과 많은 접촉을 한다.
- 호의적인 인상을 준다.
- 말솜씨가 있다.
- 다른 사람을 동기유발을 시킨다.
- 열정적이다.
- 사람들을 즐겁게 한다.

- 사람과 상황에 대해 낙관적이다.

- 그룹 활동을 좋아한다.

- 목소리가 크다.

- 빠르게 행동한다. (일 말고 노는 것에)

〈장점〉 전제 – 사회적인 인정에 의해 동기부여가 될 때
- 사교적이고 낙천적이다.

- 우호적이고 긍정적이다.

- 여러 사람들과 잘 어울린다.

- 호의적이다.

- 기쁨과 즐거움을 제공한다.

- 사교적이고 개방적이다.

- 적이 없다.

- 남을 배려한다.

〈단점〉
- 정에 약하다.

- 결단성이 부족하다.

- 경솔할 수 있다.

- 논리적 접근이 부족하다.

- 우유부단하다.

- 항상 손해 보며 산다.

- 오해받기 쉽다.
- 단도직입적이다.

사교적인 사람을 설득하기 위해서는 다음 사항에 유념해야 한다.

첫째, 관계지향적인 대화를 해야 한다.

그들은 항상 사람에게 관심이 많으며, 사람과 관련된 질문을 할 때 가장 높은 관심을 보이며 즐거워한다. 즉 이들을 설득하기 위해서는 관계지향적 대화를 많이 해야 한다.

둘째, 사교적인 분위기를 조성해야 한다.

이들은 공식적인 자리보다는 비공식적 환경에서 자유롭게 회의하는 것을 선호함으로 이러한 특성을 배려해야 한다.

셋째, 이야기의 주제에서 벗어나지 않도록 한다.

이들은 종종 이야기의 핵심주제에서 벗어나 사교적인 덕담으로 이야기가 빠지기 쉬우므로 수시로 대화의 핵심을 주지시켜야 한다. 제한된 시간 안에 끝내기 위해 보고의 주제에서 벗어나지 않도록 해야 한다. 보고의 심각성을 인식하는지 종종 점검해야 한다.

넷째, 열정적인 이야기와 경험 등을 이야기할 시간을 제공해야 한다.

이들은 이상적인 이야기를 좋아하고 자신의 경험을 파노라마처럼 이야기하는 것을 좋아한다. 이러한 특성을 이해하지 못하면 그들을 설득하기 어렵다.

다섯째, 일의 중요성을 인식시켜야 한다.

긴급한 프로젝트 회의와 친구가 부친상을 당했다. 이 성향의 사람들은 어떤 선택을 할까? 이들은 프로젝트 회의를 포기하고 친구의 부친상을 조문하러 간다. 이들은 일보다는 사람을 중요하게 여기기 때문에 대화 중 일도 중요하다는 사실을 지속적으로 인식하도록 도와주어야 한다.

여섯째, 'Who' 질문에 대비해야 한다.

이들은 야유회를 간다는 총무의 설명에 "누구와 가나요?"라는 질문을 한다. 사람 중심의 스타일 때문에 사람과 관련된 질문을 많이한다. 이들이 노래방에 가면 잘 부르는 노래가 있다. 무엇일까? '만남', '손에 손잡고' 이런 류다.

김영삼 대통령, 빌 클린턴 대통령 등이 이 성향의 사람들이다. 영업직원들 중에 사교형이 많으며 영업에서 탁월한 성과를 보이는 경우가 많다.

이들은 아무리 바쁘더라도 엘리베이터 안에서 이렇게 말하고 행동한다. 열림 버튼을 누르고 "어서오세요" 하면서 반갑게 인사하고 기다린다.

서로의 공통점을
찾아라

상대방과의 대화에서 서로의 공통점을 찾아 대화에 활기를 띤 적이 없는가? 만일 당신이 대화에서 공통점을 찾았다면 그것은 대화에 활기를 불어 넣을 수 있는 절호의 찬스다.

"저는 낚시를 참 좋아합니다. 1년 내내 틈만 나면 낚시를 다니지요. 혹시 낚시해 본 적 있으세요?"

"아이고, 반갑습니다. 저도 낚시를 참 좋아합니다. 어떤 종류의 낚시를 좋아하시나요?"

"저는 우리나라에만 있는 전통 낚시인 견지 낚시를 좋아합니다."

"저는 주로 계류 낚시인 플라이 낚시를 좋아합니다."

"저도 플라이 낚시를 해보고 싶었는데, 아직 해본 적은 없습니다."

"그러면 언제 한 번 같이 출조 가시는 것은 어떠세요?"

"좋습니다. 꼭 한번 가시죠. 견지도 한 번 같이 가시고요."

이와 같이 낚시라는 공통점을 발견하게 되면 대화에 물꼬가 트여서 그때부턴 즐겁고 허심탄회한 대화를 나눌 수 있다.

처음 사람을 만나게 되면 경계심을 나타내거나 거리감을 느끼게 된다. 하지만 자신과 비슷한 공통점이 있다는 것을 발견하게 되면 단숨에 거리감이 좁혀져서 대화에 탄력을 받게 된다.

그래서 처음 만나는 사람과는 가능한 한 빨리 공통점을 발견하는 것이 중요하다. 본론에 들어가기 전에 공통적인 화젯거리를 발견하면 손쉽게 대화를 이끌어 갈 수 있기 때문이다. 그러면 어떻게 공통점을 이끌어낼 수 있을까?

· 상대방의 이야기를 경청한다.
· 화젯거리를 이끌어낸다.
· 주위 사람들에게 물어본다.
· 관심사항을 물어본다.
· 취미를 물어본다.
· 지연, 혈연, 학연을 물어본다.

"고향이 어디세요?"
"충북 제천입니다."
"아, 그러세요. 저도 제천인데요?"
"제천 어디세요?"
"송학입니다."

"송학이면 중학교는 송학 중학교 졸업하셨겠어요?"

"네, 93년도 졸업생이에요."

"어머, 저는 95년 졸업했어요. 선배님이시네요."

이와 같이 출신이라든가 동문이라면 처음 만난 자리에서도 십년 지기처럼 친하게 이야기할 수 있다. 일단 공통점을 찾아 이야기가 이어지면 상대방에게 호감을 주게 되고 자연스럽게 본론과 연결될 수 있다. 공통점을 찾아 이야기하면 다음과 같은 이점이 있다.

- 친밀감을 조성할 수 있다.
- 공감대를 형성할 수 있다.
- 화젯거리를 꺼내기 쉽다.
- 화기애애한 분위기를 조성할 수 있다.

필자도 강의를 할 때 학연, 지연이 있는지 물어보고 시작한다. 교육생들 중에는 딴죽을 걸거나 딴짓을 하는 교육생이 있기 마련이다. 이들을 일컬어 강사들은 일명 '테러리스트'라고 규정한다. 그러나 아무리 테러리스트가 많다고 하더라도 학연, 지연을 활용하면 현저히 테러리스트들이 줄어드는 것을 알 수 있다. 교육생들 중에 내 편이 생긴다. 공통점을 갖게 되면 동질의식이 생겨나기 때문이다.

혈연! 지연! 학연!

이것을 적극 활용하라. 이것은 대화에 있어 '화룡점정'이다.

07
사용해서는
안 되는 말이 있다

"왜 저에게만 그러시는 거예요?"

"저도 이젠 피곤해서 못하겠어요."

"왜 저만 부장님께 부당한 대우를 받아야 하는 것인가요?"

"밤샘 작업을 해서 한 일이라고요."

이런 말은 자격지심이 있거나 위급한 상황에 내몰려 위기 상황을 어떻게든 바꿔보려고 잔꾀를 부릴 때 하는 말이다. 이런 말로 사람들의 동정심을 받아 위기를 넘길 수 있다고 생각하는가? 주위 사람들을 이해시켜 상황을 전환해보고자 하는 이런 말은 한두 번은 통할지 모르지만 결국 들통나고 만다.

오히려 동정을 받기는커녕 '저런 못난 인간이 있나' 하는 비아냥거림을 받을 가능성이 높다. 이는 자신을 약자라는 위치에 놓고 '약자는 선하다'는 공식에 대입해 상황을 모면해 보려고 하는 의도가 다분한 것인데, 사람들은 그렇게 호락호락하지 않다. 어떤 도움의 손길을 바라기 전에 구체적인 방안을 강구하고 적극적으로 실행했는지 생각해 보아야 한다.

이런 말은 일을 말끔하게 처리하지 못하는 사람으로 낙인찍는 것 외에 아무런 효과도 없다. 비겁한 말과 행동은 사람들과의 거리를 멀어지게 할 뿐이다. 이런 사람들은 자신의 게으름 탓에 궁지로 몰리게 되었으면서 그것이 다른 사람의 탓인 양 비난하는 경우가 많다. 이런 말들도 경계해야 한다.

"저는 실력이 모자랍니다."

"저는 경험이 부족해 그 일을 할 수 없습니다."

"저 같은 사람이 할 수 있는 일이 아니라고 생각합니다."

"저 말고 다른 사람에게 이 일을 맡겨 주십시오."

"저 혼자서는 할 수 있는 일이 아닙니다."

"저번에 실패한 적이 있어서요……."

이 말은 자신을 겸손하게 낮추는 말 같지만 결코 그렇지 않다. 이런 사람들은 자기 자신에 대한 정체성과 자존감이 없다. 열정이나 도전 정신이 눈곱만큼도 없다. 자신을 비하하는 사람이 어떻게 일을 도모하고 이를 성과와 연결시킬 수 있겠는가?

당신이 이런 부류의 사람이라면 다음 규칙에 따라 지금 당장 자신을 변화시키지 않으면 조직생활을 할 자격이 없다. 그런 당신이라면 조직을 떠나 다른 일을 찾아보는 것이 현명할 것이다. 우리가 관심을 갖고 변화시켜야 할 원칙은 다음과 같다.

첫째, 상황을 있는 그대로 받아들인다.

상황을 있는 그대로 받아들이지 않기 때문에 동정심을 바라는 것이다. 일이 잘못된 결과를 그대로 인정하고 상황에 대한 문제점을 분석하여 재발하지 않도록 조치를 취하는 일이 필요하다.

둘째, 자존감을 높여라.

자신감이 없는 사람이 이런 발언을 자주하는 경향이 있다. 무엇보다 이런 사람들은 자존감을 높이는 노력을 기울여야 한다. 자존감을 높이기 위해서는 두려움에 당당히 맞서고, 긍정적인 마인드를 가져야 한다(구체적인 방법은 2장 자아존중감을 높여라 참고).

셋째, 지나치게 자신을 낮추는 말은 하지 않는다.

누구나 똑같은 조건을 통과하여 입사하였다. 능력은 비슷하다는 의미다. 자신을 지나치게 낮추면 자신감 없는, 어떤 일을 맡기고 싶지 않은 사람으로 평가받게 될 것이다.

이들을 먹잇감으로 노리기라도 하듯, 일이 잘못되면 책임을 전가하는 사람들도 있다. 당신의 해석이 틀렸으니 잘못된 책임은 당신이 지라는 식이다. 이런 무책임한 말이 어디 있는가?

"내 말을 왜 곧이곧대로 들은 거야?"

"내 말의 뜻은 그게 아니었어."

"그런 뜻으로 말한 것이 아니잖아?"

이런 말을 들었다면 '이런 상종하지 못할 인간'이라고 누구나 생각하지 않을까? 백번 천 번 양보해서 설령 이쪽에서 오해를 했다 할지라도 상대방이 오해하도록 말한 사람의 책임이 크다. 이런 말을 하는 사람들의 이면에는 '나는 당신이 오해할 만한 얘기는 하지 않았어' 또는 '나는 당신이 이해하기 쉽도록 얘기했는데 당신이 잘못 받아들인 것이지'라는 자기방어기제가 작동하고 있다. 자신이 한 말이 명백한데도 "내가 언제 그런 말을 했어?"라고 자신의 말에 오류가 없음을 단언하는 사람들을 보면 화가 난다. 자신의 잘못을 인정하면 그만인 것을 말이다.

　대화에서 오해가 있을 수는 있다. 말하는 사람도 자신이 의도한 바를 100% 전달할 수 없고, 듣는 사람도 상대방의 의도를 100% 이해하지 못하는 데서 발생하는 일반적인 오류는 있을 수 있다. 그러나 문제는 자신의 책임이 0%도 없다고 딱 잡아떼는 사람이 문제다.

　나: 당신이 그렇게 말했었잖아.

　상대: 내가 언제 그런 말을 했어? 난 그런 뜻으로 말한 것이 아니야.

　나: 지난 3월 말 품질관리 회의에서 품질문제의 발생 원인은 사용자 부주의라고 말했잖아?

　상대: 무슨 말을 하는 거야? 내가 그렇게 말했을 리 없어. 당신이 착각하는 거겠지?

　나: 동석했던 품질관리팀 조 대리에게 물어봐.

　상대: 나는 누구에게 책임을 돌리는 사람이 아니야. 그건 당신이 오해한 거야.

나: 오해라니? 그 얘기를 들은 사람이 한두 명이 아니야.

상대: 나는 그런 뜻으로 말한 적이 없어. 다시 한 번 말하지만 나는 정확한 사람이라 오해 같은 거 안 한다고.

이렇게 자신의 잘못을 인정하지 않고 오리발을 내미는 사람들을 위한 대응책은 다음과 같다.

1. 상대방의 말을 확인하는 질문을 한다.

"요지는 품질문제의 발생 원인이 사용자의 부주의로 발생한 것이지 제조사의 책임은 없다는 말씀이지요?"

이렇게 확인하는 질문을 하면 쌍방 간의 소통 중 발생할 수 있는 오해를 줄일 수 있다.

2. 미팅 내용을 반드시 기록으로 남긴다.

미팅 시 대화의 주제와 내용을 작성하여 그 자리에서 참석자들에게 확인을 받아둔다. 이렇게 내용을 확인해 놓으면 실행력을 높일 수 있고, 분쟁을 최소화할 수 있다. 이해관계자와의 관계에서는 더욱 그렇다. 행여 상대방이 불쾌해할 수 있으니 미팅내용을 확인해두는 것이 쌍방 간에 발생할 수 있는 문제의 소지를 최소화할 수 있는 방안이라는 것을 사전에 충분히 이해시키는 중요하다.

08
상사의 지시에는
일단 "Yes" 하라

　보통 윗사람이 아랫사람에게 명령이나 지시를 한다. 그래서 힘의 관계에서 밀리는 아랫사람이 윗사람의 명령을 무조건 따를 수밖에 없는 경우가 대부분이다. 간혹 그런 명령을 무조건 따르다 보면 윗사람이 우습게 보거나, 점점 무리한 요구를 해올 것이라는 염려 때문에 단박에 "아니요"라고 대답하는 경우가 있다.

　입장을 바꾸어 생각해보자. 당신이 상사라면 편법이나 불법을 지시한 일이 아닌데도 불구하고 부하에게 지시하자마자 그 자리에서 단박에 "No"라고 대답하면 기분이 어떻겠는가? 오히려 자신을 무시한 거 같아 화가 나지 않을까?

　직장생활을 하다 보면 불가피하게 지시를 하는 경우가 있다. 이때 어떤 직원들은 무조건 "안 됩니다" 또는 "불가능합니다"가 먼저 나온다. 이런 후배들을 상사는 당연히 싫어하게 된다.

후배: 안 됩니다. 그것은 제 일이 아닙니다.

상사: '이런 싹수 없는 놈!'(마음속으로)

이런 사람 치고 일 잘하는 사람 없다.

상대방이 어떤 요구를 하면 거기에는 반드시 어떤 이유가 있다. 상대방의 요구에 일단 "Yes"라고 답하고 상대방의 이야기를 충분히 들은 후에 동의할 수 없다면 그때 'But'을 하면 된다. 이것도 논리적이어야 한다. 이쪽도 만만치 않은 것을 보여 주겠다고 "아니요"라고 대답한다면 상대방의 입장에서는 매우 불쾌한 일이다. 물론 불법적이고 비윤리적인 지시나 명령은 즉석에서 "아니요"라고 대답해야 한다.

"품질관리 보고서를 이번 주 수요일까지 작성하길 바라네."

"수요일까진 불가능합니다."

이렇게 대답해서는 안 된다. 이때는 이렇게 대답해야 한다.

"출장보고서를 3월 23일까지 작성하여 보고해주길 바라네."

"네, 알겠습니다. 그런데 R&D 전략 보고자료 작성 기일이 3월 22일까지라 25일까지 연장해 주시면 안 될까요?"

'But'을 사용할 때는 그 이유도 함께 기술해야 상대방이 자신의 상황을 이해해 줄 수 있다.

미국의 경우 개방적인 상사들은 부하직원의 이의제기에 대해 긍정적으로 평가한다고 한다. 이런 직원들의 능력을 오히려 높게 산다고 한다. 그러나 우리는 어떤가? 이에 동의할 수 있는가? 아니다. 이는 우리의 정서나 문화와 거리가 있다.

위에서 지시를 하면 뭐든지 "예, 예"라고 대답하는 '예스맨'은 다른 사람의 입장에서 보면 줏대 없는 사람이라고 손가락질할지 모른다. 하지만 이런 사람이 직장에서 성공한다. 일단 상대방의 지시사항에 반감이 없다는 것을 표현해 주는 것이 필요하다. 상사의 입장에서도 어렵게 부탁한 사안인데 면전에서 "아니요"라고 대답한다면 얼마나 황당하겠는가?

여기에서 '예스맨'이란 상대방의 이야기를 무조건적으로 "예"라고 대답하는 사람을 일컫는 말이 아니다. 생각이 다르더라도 일단은 상대방의 지시사항에 긍정적인 반응을 나타낸 다음 자신의 생각을 피력하라는 의미다. 윗사람의 지시사항에 힘으로 맞대응해서는 안 된다.

지시받은 사항과 당신의 의견이 다른 경우 효과적인 대화 공식
Yes+But+이유나 근거

이 대화법은 서로의 의견을 모두 수용할 수 있는 묘약이다. 업무보고는 직장생활을 하면서 피할 수 없는 매우 중요한 과정이다. 직장에서 성공하는 사람들의 공통점이 보고를 잘한다는 것이다. 업무보고 시 상사들이 제일 싫어하는 것은 보고가 지연되는 일이다. 일정이 지연되면 왜 지연되고 있는지 이유와 근거를 제시하면서 중간보고를 해야 한다. 보고에 있어서는 다음의 3가지 사항을 명심해야 한다.

첫째, 사실 그대로를 보고해야 한다.

보고를 할 때는 문제사항까지도 상세하게 사실대로 보고해야 한다. 대부분의 사람들이 부정적인 내용은 최대한 감추고, 긍정적인 내용 중심으로 보고를 하려는 경향이 있다. 보고일정이나 달성률, 성과 등 진척 사항을 솔직하게 보고해야 한다. 말하기 꺼려지는 부분도 소상하게 보고해야 한다. 꺼리는 부분은 심각한 문제사항이기도 하다. 이를 보고에 누락하면 향후에 문제가 더욱 커져 수습이 불가능해질 수 있다.

"중국진출전략 보고서 작성 현황에 대하여 보고 드리겠습니다. 핵심고객의 니즈(Needs)에 대한 분석이 늦어져 보고 일정이 5일 정도 지연될 것 같습니다. 또한 잠재경쟁 기업에 대한 분석도 어려움을 겪고 있습니다. 이 부분은 현지 출장을 통한 확인이 필요한 사항입니다. 2일 일정으로 리서치팀과 상해, 청도에 출장을 다녀왔으면 합니다"와 같이 지연되는 사실과 이유를 보고 시 함께 설명해야 한다.

둘째, 문제가 발생되면 사태 해결에 집중해야 한다.

'누구누구의 잘못이다'라는 책임 소재를 찾는데 몰두해서는 안 된다. 책임 소재를 찾는데 몰두하며 대책이 지연된다. 일정이 지연되는 원인을 찾고 신속하게 이를 해결할 방안을 찾는 것이 급선무다. 또한 재발 장치에 대한 약속도 해야 한다.

만약 당신의 실수로 지연된 것이라면 사과해야 한다. 그렇다고 "죄송합니다"만 연발하고만 있어도 안 된다.

셋째, 플러스알파를 제시해야 한다.

보고가 늦어진다는 것은 업무가 지연된다는 의미와 같다. 실수를 하면 당신의 이미지는 마이너스가 된다. 이를 만회하기 위해서는 철저한 대책을 강구해야 한다. 그러나 이것으로는 당신의 실추된 이미지를 극복할 수 없다. 따라서 대책안에는 기본적인 대책 이상의 플러스알파가 제시되어야 한다.

09
상대의 니즈를
파악하는 방법

상대의 니즈를 파악해야 이야기가 술술 풀린다. 한마디로 맞춤식 대화가 가능하다는 얘기다. 상대의 니즈를 파악하는 이유는 이야기의 접점을 찾기 위함이다. 자신의 욕구와 상대의 니즈가 일치할 때 이야기의 접점을 찾을 수 있다.

자신이 원하는 이야기에만 집중하면 상대방은 '내 이야기에 귀를 기울여 주지 않았다'는 느낌을 받게 된다. 따라서 상대방이 '자신의 이야기를 적극적으로 경청해 주었다'는 느낌이 받도록 해야 한다. 상대방의 니즈를 파악한다는 것은 생각보다 쉬운 일이 아니다. 그러면 어떻게 니즈를 파악하면 좋을까?

첫째, 지난번 나눈 대화에 대한 니즈를 꺼낸다.

늘 귀를 기울이고 안테나를 세우면 상대에 대한 정보를 얻을 수 있

다. 상대가 가벼운 미소를 짓거나 고개를 끄덕이거나 맞장구를 치는
것만으로도 니즈를 파악할 수 있다(동조하고 있다는 의미). 특히 지난번
나눈 이야기에서 실마리를 얻을 수 있으므로 중요한 부분은 메모해
두었다가 기억하는 것이 좋다.

"지난번 마무리할 때 Micom 기술에 관심이 많다고 하셨죠?"

"말씀하셨던 프레젠테이션 스킬 프로그램은 잘 개발되고 있으신
건가요?"

"TOL-001모델에 대한 고객의 반응이 좋은 것으로 알고 있는데요."

서두에 꺼낸 말 한마디가 앞으로 이어질 대화의 물꼬를 트는 계기
가 된다. 따라서 시작부터 상대방의 약점을 들춰내서는 안 된다. 잘잘
못을 떠나 상대는 귀와 마음을 닫아버리고 대화에 임하기 시작한다.

"저번 프로젝트도 실패했잖아."

"당신이 잘할 수 있는 게 도대체 뭐야?"

또한 장황하게 서두를 이야기하면 '이 친구는 상대방을 전혀 배려
하지 않는 사람이군'이라고 치부해 버리고 대화를 이어가고 싶어 하
지 않게 된다. 거래처를 바꾸거나, 회사에서 내쫓을 생각이 아니라면
상대방을 인정하고 이해하는 한마디로 시작하자. 상대방의 니즈 파
악을 위한 물꼬가 트일 것이다.

둘째, 평상시 상대방이 자주 언급한 말에 니즈의 핵심이 있다.

대화를 하다 보면 상대방이 자주 언급하는 말이 있다. 자주 언급하
는 말을 잘 체크해 두는 것이 좋다.

"지난번 말씀드렸다시피 저는 Micro-Processor8051을 적용해보고 싶다는 생각이 듭니다."

"또 얘기하는 것이지만 ISD Process가 저희 기술과정 개발하는 데는 최적의 방법론이라고 생각합니다."

이렇게 자주 언급하는 얘기가 상대방의 니즈일 가능성이 높다.

셋째, 질문을 하면 니즈를 파악할 수 있다.

질문한 다음 상대방의 답변을 잘 들어보면 그 속에 상대의 니즈가 숨어 있다. 이를 발견하기만 하면 된다. 이때 질문은 쓸데없는 접속사나 수식어 등을 생략하고 간결하게 해야 한다.

"어떤 업무를 담당하고 계시죠?"

"반응은 어땠나요?"

"A사는 ~였는데 귀사의 실적은 어느 정도인가요?"

적재적소에 알맞은 질문을 던지고 맞장구를 치면서 상대방의 니즈를 파악해라. 니즈를 파악하여 상대의 의중을 파악하면 대화의 길이 열리고, 나아가 따뜻한 인간관계로 이어질 수 있다. 누구나가 인간미가 넘쳐흐르는 사람과 대화를 원한다.

"이 방안을 선택해 주시지 않으면 어떤 계약도 할 수 없습니다."

"당신이 그렇게 똑똑하다면서요? 실력 한번 보여주세요."

"3000만 원 이하로는 관심이 없습니다. 더 이상 얘기할 필요 없겠네요."

사람을 냉정하게 업무적으로만 대하는 사람과는 대화하고 싶은 마음이 사라진다. 대화에는 생산지향적 대화와 관계지향적 대화가 있다. 생산지향적 대화는 회의나 고객 상담처럼 문제해결이나 비즈니스에 목적을 두고 하는 대화이고, 관계지향적 대화는 이야기 자체에 즐거움을 갖고 나누는 대화를 말한다. 생산지향적 대화의 주요 아웃풋(Outputs)은 사업에 대한 결과물이고, 관계지향적 대화의 주요 아웃풋은 관계 증진이다.

생산지향적인 대화는 비즈니스에 있어서 반드시 필요한 대화지만 관계지향적인 대화는 당장 비즈니스에 도움이 되는 대화는 아니다. 그러나 관계지향적인 대화가 쓸데없이 시간을 보내는 잡담이라고 생각해서는 안 된다. 대부분의 인간관계는 이러한 관계지향적인 대화에서 비롯된다. 생산지향적인 대화도 관계지향적인 대화가 바탕이 되어야 한다.

일밖에 모르던 김 부장. 그는 잔업과 하루가 멀다 하고 회식으로 퇴근은 항상 밤 12시를 넘겼고 새벽에 출근하는 일을 반복했었다.

"내일 아침 술국 좀 끓여 줘."

"애들은 학교 잘 다니고 있지?" 하고 물으면 부인은 "네" 하고 답하는 것이 끝이었다.

그는 주말이면 가족들과의 대화는 끊어버린 채 방구석에서 하루 종일 TV 채널만 이리저리 돌리면서 하루를 보냈다. 시간이 흐르면서 무료함은 더해 갔고, 승진을 해도 가슴이 텅 빈 것 같았다.

이런 모습이 대부분의 아버지들 자화상이 아닐까? 우리 주변에는 의외로 이런 사람들이 참 많다.

그러던 어느 날 김 부장은 이렇게 살아서는 안 되겠다는 생각이 들었다. 그래서 아내와 아이들에게 사과를 했다.

"나는 그동안 업무적인 이야기 외엔 말을 할 필요가 없다고 생각해 관계를 향상하기 위한 대화가 얼마나 중요한지 깨닫지 못했다오. 앞으론 시시콜콜한 이야기라도 항상 함께하는 가장이 되겠소. 그동안 많이 답답했었지? 사과하리다."

사람들은 사회생활을 하면서 업무에 필요한 말만 중요한 것이 아니라 관계지향적인 대화도 중요하다는 것을 알아야 한다. 관계지향적인 대화를 강화하는 방법은 다음과 같다.

1. 화제의 폭을 넓힌다.

화제가 없으면 대화할 수 없다. 가정 문제든, 개인적인 애로사항이든 화제를 가리지 말아야 한다.

2. 공통적인 화제를 찾는다.

화제의 폭을 넓히다 보면 공통점을 발견할 수 있다. 공통점을 발견하게 되면 여기에 집중하여 이야기하면 된다.

3. 상대방에게 말할 기회를 준다.

공통점을 찾았으면 이번에는 상대에게 말할 기회를 더 많이 주어야 한다. 이야기는 혼자 하는 것이 아니기 때문이다.

제2장

아뿔싸!
돌아서서 후회하고
싶지 않다

대화의 목적을
명확히 하라

목적이 없는 대화는 항로를 정하지 않고 떠나는 비행기와 같다. 인천국제공항에서 뉴욕케네디공항까지 간다고 가정해보자. 만일 항로가 없다면 비행기는 길을 잃고 태평양 어디쯤에서 길을 잃고 연료가 모두 소진되어 추락할지 모른다. 항로도 없이 무작정 비행을 하다 보면 길을 잃고 우왕좌왕 헤매듯 대화도 목적이 없으면 방향을 잃거나 벽에 부딪히게 마련이다.

대화를 할 때는 무엇을 말하고 전달하려고 하는 것인지 목적을 명확히 하는 것이 중요하다. 그런데 우리는 흔히 '이 여성과 잘해보고 싶다', '이 거래처와 잘 지내고 싶다'와 같이 그 목적을 모호하게 정하는 경우가 있다.

나: 오늘 날씨 좋지요?

상대: 네.

나: 우리 식사 함께 할래요?

상대: 네.

(식사를 마치고)

나: 식사 어땠어요?

상대: 좋았어요.

나: 그래요. 다음에 식사 또 같이 할래요?

상대: 네.

상대에게 긴 대답이 나올 수 있는 질문을 유도하라. 다음과 같이 목적을 명확히 하고 대화에 양념을 더해 보자. 상대가 나에 대해서 '호기심 또는 설렘을 갖게 하는 것'이라는 명확한 목표를 두고 대화를 하는 것이다.

나: 오늘 날씨는 마치 푸른 바다처럼 맑고 시원한 느낌이에요. 머지않아 벚꽃이 만개하겠어요. 작년엔 벚꽃 길을 걸으며 잔잔하고 은은한 향 때문에 무언가 모르게 설레었던 기억이 나요. 그때처럼 오늘도 날씨가 참 좋아요. 그런 적 있었어요?

상대: 그러고 보니 앞만 보고 걸어서 그런 느낌을 받은 적이 없네요. 김 대리님의 이야기를 들으니 저도 벚꽃 길을 걷고 싶네요.

나: 그러면 벚꽃축제 때 같이 가보지 않을래요? 미리 씨와 함께 하면 더욱 설렐 것 같아요.

상대: 네, 저도 그윽한 벚꽃의 향을 맡으며 윤중로 벚꽃 길을 걸어
보고 싶어요.

목적이 불명확하면 대화가 자연스럽게 이어지지 못한다. 일상적인
대화의 목적은 인간관계를 증진하고 친밀도를 높이기 위해 이루어지
는 것이다. 이때 인간관계를 악화시키는 대화는 피해야 한다.

"저는 김일도 교수님의 희망 21이라는 강연을 정말 감명 깊게 들
었습니다. 특히 그분의 인생 역경에는 감동받지 않을 수 없었습니다."

"글쎄요. 저는 그분의 말씀 하나하나가 과장되었다는 느낌이 들었
는데요."

이처럼 상대방이 하는 말에 맞바로 반론을 제기한다면 좋은 인간
관계를 형성할 수 없다.

"맞아요. 저도 그분의 강연을 들은 적이 있었는데 효율적인 자기관
리를 통해 인생을 역전하신 분이더군요."

이와 같이 상대방의 이야기에 공감을 해주어야 인간관계가 증진
되고 다음 대화가 자연스럽게 연결된다. 대화의 목적이 불분명하면
대화의 방향을 어느 쪽으로 이끌어갈지 몰라서 횡설수설하고 만다.
비즈니스 대화에서도 마찬가지다.

"ETC 사업부의 매출은 어땠습니까?

"지난달보다 증가했습니다."

"증가한 것은 알고 있습니다. 얼마나 증가했는지를 알고 싶습니다."

"……"

이렇게 대화를 해서는 비즈니스 대화의 목적을 달성할 수 없다. 상대방은 정확히 얼마가 증가했는지를 알고 싶은 것이다.

"ETC 사업부의 매출은 지난달보다 얼마나 증가했습니까?"

"네, 지난달 ETC 사업부의 매출은 145억 원이었고, 이번 달은 160억 원으로 지난달보다 15억 원 증가했습니다."

"네, 잘 알았습니다."

이를 그래프로 표시하여 보고하면 더욱 효율적이고 빠르게 상대에게 메시지를 전달할 수 있다. 이와 같이 서로 간에 대화의 목적이 분명하면 대화가 막힘이 없고 효율성이 높은 대화가 진행된다.

이 밖에도 상황에 따라 대화의 목적이 달라질 수 있다. 대화를 할 때는 어떤 목적이든 무엇을 위해 대화하고 있는지 대화의 핵심을 항상 의식함으로써 대화의 정확성을 높이는 것이 중요하다.

나: 팀장님, 시간 좀 내주실 수 있나요?

팀장: 무슨 일인데?

나: 금년도 진급 건에 대해 드릴 말씀이 있어서요.

팀장: 그래, 얘기해봐.

나: 작년에 과장 진급에서 제가 떨어졌잖아요. 실적이 나쁘다고 생각하지 않는데 진급에서 누락된 이유를 모르겠습니다. 주위 사람들도 제가 진급되지 않은 이유를 모르겠다고 하더군요.

팀장: 그래, 김 대리 말이 틀리진 않아. 다만 이 대리가 만년 대리라 이 대리의 편의를 좀 봐줬어.

나: 실적으로 인사고과를 해야 하는데 그러셨다면 불만입니다. 물

론 팀장님의 입장을 모르는 것은 아니지만요. 올해 A프로젝트도 성공적으로 마무리했고, 매출액도 전년 대비 30% 신장한 것을 고려해주셨으면 합니다.

팀장: 알았네. 금년도 승진은 걱정하지 말게.

김 대리는 그해 과장으로 진급했고, 박 대리는 김 대리와 입사동기였고 실적도 좋았지만 또 탈락했다. 이와 같은 현상은 실제 현장에서 비일비재하게 일어난다. 사람들은 감정적인 동물이라 똑같은 상황이라면 누구나가 우는 사람에게 떡 하나를 더 주게 마련이다. 단, 밑도 끝도 없이 울면 안 된다. 그러면 어떻게 울면 될까?

- 자신의 솔직한 심정을 객관적으로 설명한다.
- 자신이 처한 환경을 허심탄회하게 이야기한다.
- 사실에 근거하여 자신의 실적을 설명한다.
- 감정에 호소한다.
- 너무 과하지 않는 표현을 한다. (예: 나만 할 수 있는 일이다 등)
- 주기적으로 이야기한다.

02
제3자의 말을
적극적으로 인용하라

　평소 친분이 있고, 믿을 만한 사람이라면 그의 말을 신뢰할 것이다. 그러나 사람과 사람 사이에서 어떻게 100% 신뢰를 하겠는가? 이때 만일 신용할 만한 제3자의 말을 이용한다면 당신이 전달하고자 하는 메시지에 힘을 준다. 즉 객관적인 사람의 말은 말에 신뢰도를 높여준다.

　"제 의견은 Micom 기술을 접목하자는 얘기입니다."

　"다른 대안은 없는 것인가요?"

　"한국대학교 조동진 박사의 연구결과에 의하면 Micom 기술을 접목하는 것이 최선의 방법이라고 합니다."

　"네, 잘 알았습니다."

　그러면 어떤 사람이 객관적인 제3자일까?

- 정평 있는 논문지에 기고한 학자
- 사회적으로 존경받는 인물
- 해당 분야의 전문가라는 객관적 근거가 있는 사람
- 학계의 전문가(연구원, 박사 등)

좋은 글을 쓰는 사람이나 강연을 하는 사람들의 공통적인 특징을 살펴보면 그들은 다른 사람들의 이야기를 효과적으로 인용하여 그 글과 말에 대한 신뢰도를 높이는 데 활용한다는 점이다.

다른 사람들의 말을 능수능란하게 차용하면 말을 잘하게 되는데, 이는 '나'라는 사람의 가치를 높이고 사람들이 나의 말을 경청하는 계기를 만든다. 말을 잘하려면 언변이나 화술이 뛰어날 뿐만 아니라, 그 사람의 품격과 신뢰가 바탕이 되어야 한다. 이때 제3자의 이야기는 말에 객관성을 부여하며 품격 있는 말이 되도록 만들어 준다.

국내 1인기업의 창시자이자 명강사인 공병호 박사의 이야기다. 그는 지금까지 약 100권 정도의 책을 출간하였다. 이렇게 다작을 할 수 있었던 비결은 다른 작가들의 이야기를 다수 인용하였기 때문에 가능한 일이었다. 즉 제3자의 말을 이용하여 글에 대한 독자들의 신뢰성을 확보할 수 있었던 것이다.

오바마 대통령의 선거전략은 흑인들의 지지는 당연하게 얻을 수 있다는 가설을 세우고, 백인들의 표에 집중하는 것이었다. 그러나 가설은 맞지 않았다. 예상과 달리 흑인들의 시선은 매우 냉담했다. 클린턴의 수하에 있던 흑인 지도자들은 미동도 하지 않았다. 흑인들의 지지층을 확대하기 위해서는 미국의 흑인역사에 대하여 이야기하지 않으면 안 되었다. 그는 마틴 루터 킹 목사와 이와 정치적 노선을 달리했던 말콤 엑스의 이야기를 비롯한 제3자의 이야기를 자주 인용하여 선거전에 활용하였다. 자신의 정치적 신념, 이념, 정체성을 제3자의 이야기를 비유하여 활용함으로써 흑인들의 지지를 이끌어냈다.

제3자의 말을 인용하는 것을 두고 간혹 혹자들은 다른 사람의 말을 모방한다고 비난하는 사람도 있으나, 모방은 창조의 어머니라는 말이 있듯이 모방은 새로운 창조를 태생시키는 기틀이 되기도 한다.

내가 무엇을 말하여 그것으로 상대방을 이해시키는 데는 다소 시간이 걸린다. 하지만 제3자의 말을 인용하면 단박에 상대방을 이해시킬 수 있다. 왜냐하면 제3자의 말은 이미 사회적으로 검증받았기 때문이다.

내가 잘 아는 L강사는 여러 기업에서 강의 평가가 좋기로 소문난 강사다. 그 사람의 강의를 들어보면 공자나 칭기즈칸, 그리고 예술가, 유명한 CEO, 철학자들의 말을 적재적소에 인용하여 강의를 한다. 이들의 말을 기억하고 있다가 자신의 주장을 펴나가면서 절묘한 타이밍에 그들의 말을 인용해 쓰는 것이다.

"목표는 도전적으로 설정해야 합니다. 목표가 없는 삶이란 항로 없이 비행하는 비행기와 같습니다."

"꼭 목표가 있는 삶이 행복한 삶입니까?"

"공자가 말씀하시길 목표가 없는 삶이란 아무것도 이룰 수 없는 삶이라 말씀하였습니다. 목표가 없으면 실행할 수 없고 실행할 수 없으면 아무것도 이룰 수 없는 삶이 된다는 말씀이지요."

03
자아존중감을 높여라

다른 사람들이 수준 낮은 나와는 대화하고 싶어 하지 않을 것이라는 생각에 대화를 시작하지 못하는 사람이 있다. 또는 말주변도 없고 재미없는 자신과 대화하고 싶어 하지 않을 거라고 지레짐작하여 대화를 시작하지 못하는 사람도 있다. 혹은 상대방의 독설에 상처를 입고 입을 다무는 경우도 있다. 이런 생각을 지금 하고 있다면 당신은 자아존중감이 결여된 상태라고 진단할 수 있다.

우리 집 둘째 아이가 어떤 이유에서인지 어렸을 때 시행한 자아존중감 테스트에서 좋지 않은 결과가 나타났다. 청소년기에도 변하지 않았다. 결국 고등학교 때 학업 스트레스로 학교를 자퇴하고 말았다. 아이에게 물으니 노력은 하는데 결과가 생각보다 나타나지 않는다고 했다.

우리 부부는 낙심하지 않을 수 없었다. 우리가 고심 끝에 내린 처방은 간섭하지 않고 스스로 삶을 선택하도록 도와주고, 자신의 결정을 존중해주며 작은 일에도 칭찬하는 것이었다. 그 후 자아존중감을 회복하였고 본인이 원하는 국립대학교에 무난히 합격할 수 있었다.

인간은 누구나가 존중받을 권리와 자격이 있다. 그러면 자아존중감을 회복하고 자신 있게 사람들과 대화를 시작하는 방법은 없을까?

첫째, 이 세상에 누구라도 완벽한 사람은 없다는 사실을 기억하라.

자신의 부족한 점만 자꾸 눈에 보일 때가 있다. 하지만 사람마다 타고난 재능이 있다는 사실을 알아야 한다. 한 가지를 잘한다고 모든 것을 다 잘한다고 할 수 없다. 만일 당신이 낚시에 소질이 없고 당신의 동료가 낚시에 재능이 있다. 그렇다고 당신이 기획안을 수립하는 데 재능이 없다고 말할 수 있는가? 내가 동료에 비해 낚시에 재능이 없다고 하여 자존심에 상처를 받을 필요는 없다. 이 세상에 모든 것을 완벽하게 수행하는 사람은 없다는 사실을 기억하라.

둘째, 자신의 장점을 발굴하라.

대부분의 사람들은 자신의 약점에 집중하며 이를 제거하기 위해 노력한다. 약점은 이렇게 한다고 없어지는 게 아니다. 약점은 자신의 장점을 강화하면 저절로 없어지는 것이다. 대화에 있어 자신의 약점이 무엇인지 찾아내는데 시간을 투자하지 말고 자신의 강점을 찾아 이를 강화하는데 초점을 맞추어라. 자신의 장점 목록을 만들고 수시로 이것을 상기하라.

셋째, 자신을 자주 칭찬하라.

어떤 목표를 달성했을 때 대부분의 사람들이 자신에게 찬사를 보내는데 인색하다. 자신을 칭찬하는데 시간과 돈이 드는 것도 아니다. 다른 사람을 칭찬하기에 앞서 자신을 칭찬하라.

당신이 토익을 만점 받았다면 마음껏 자신을 칭찬하라. 당신이 누군가를 도와주었다면 이 또한 마음껏 칭찬해야 한다. 자기를 칭찬할 줄 아는 사람이 자아존중감이 뛰어나다. 〈자기 칭찬 리스트〉를 만들어 주기적으로 자신을 칭찬한다.

"난 참 잘난 사람이야."

"나 오늘 품질보고를 참 잘했어."

넷째, 부정적인 사고를 버려라.

누군가를 비난하고 비판하며 불평하는 일은 부정적 사고를 바탕으로 나타나는 행동 패턴이다. 상대방을 깎아내리면서 희열을 느끼는 사람이 있다면 참 슬픈 일이다. 누군가를 비난하고 비판하면 그도 당신을 비난할 것이 분명하다. 비난을 받으면 자아존중감을 상실할 가능성이 높다. 당신이 누군가를 비난하지 않는다면 대부분의 사람들은 당신을 비난하지 않을 것이다. 타인에 대한 비난은 부메랑이 되어 되돌아온다는 사실을 잊어서는 안 된다.

다섯째, 하루아침에 자신의 변화를 기대하지 마라.

누구든지 자신을 비난하지 않고 장점을 발굴하여 이를 강화하고 자신을 칭찬하는 습관을 들이면 자아존중감은 분명히 회복된다. 그러나 하루아침에 자신이 변화될 것이라고 생각하지는 마라. 자신의 습관을 조금씩 바꾸어간다면 동료들과 클라이언트들은 당신이 변화되어 가는 모습을 보고 친근하게 다가올 것이다.

여섯째, 자신에 대한 기대치를 낮추어라.

자아존중감은 자신에 대한 높은 기대치에서 비롯된다. 그리고 그 기대치를 실현하지 못했을 때 자아존중감이 낮아진다. 따라서 자기 자신에 대한 기대치를 조금 낮추면 상대적으로 자아존중감이 높아진다. 자신에 대한 기대치를 타인과 비교하여 설정해서는 안 된다. 타인과 비교할수록 높은 기대치를 설정해야 하기 때문이다.

일곱째, 자기 자신에게 선물을 한다.

잘한 일, 칭찬받을 일이 있으면 자기 자신에게 선물을 한다. 좋아하는 옷을 사서 자신에게 선물하든 재미있는 영화를 한 편 보든 자신에게 의미 있는 선물을 하는 것이다.

04

언제 대화를
끝내는 것이 좋을까?

　말 많은 사람이 물에 빠지면 2가지 타입으로 갈린다. 하나는 입만 물에 뜨는 사람이고 또 하나는 엉덩이가 물에 뜨는 사람이다. 이 둘 중 누가 더 말이 많은 사람일까? 엉덩이가 물에 뜨는 사람이다. 이 사람은 물에 빠져서도 물고기와 대화를 시도하는 사람이다.

　이렇게 말 많은 사람에게라도 좋은 인상을 남기고 대화를 끝내려면 어떻게 하면 좋을까? 대화를 어떻게 시작하느냐도 중요하지만 어떻게 끝냈는가도 매우 중요하다. 어느 타이밍에 대화를 끝내면 좋을지 간 보기 대화를 하는 경우도 적지 않다. 그러나 자칫하면 대화가 침묵으로 빠져들기 쉽다.

　"팀워크를 발휘하기 위한 조건은 공평한 분배, 목표의 공유, 신뢰라고 생각합니다."

　"그러면 상호 간의 신뢰는 무엇으로 조성되나요?"

"상호 간의 신뢰는 책임감과 배려로부터 나오는 것이 아닐까 생각합니다."

"그러면 책임감과 배려를 바탕으로 성공한 프로젝트가 있나요?"

"글쎄요······."

가장 끝내기 좋은 타이밍은 서로의 견해나 관점이 일치하는 시점이라 할 수 있다. 그런데 이 타이밍을 찾는 것이 생각만큼 쉬운 일이 아니다. 상대방이 당신의 견해를 모두 듣고 상대방도 자신의 견해를 모두 이야기했다고 하여 견해나 관점이 일치했다고 볼 수 없기 때문이다. 혹은 상대방이 자신의 견해를 모두 피력했는지도 알 수 없는 일이다.

만일 당신이 대화의 달인이라면 어느 정도 이를 예측할 수는 있다. 그러나 대부분의 사람들에게는 어려운 일이다. 보통의 사람들은 대화 도중 신경 써야 할 일이 너무 많다. 상대방의 말을 경청하면서 견해를 이해하고, 자신의 생각을 정리해야 하고, 반론도 생각해야 한다. 이런데 신경을 쓰다 보면 언제 말을 끝내야 좋을지 모르는 때가 많다. 그러면 어떻게 끝내기를 하는 것이 좋을까?

첫째, 먼저 자신의 견해를 모두 피력한다.

상대방이 이야기하는 도중 내가 이야기하고자 하는 것이 무엇인지 생각해둔다. 상대방이 말을 모두 마치고 난 후에 할 말을 생각하면 이미 때가 늦는다. 그러나 상대방이 말하는 도중 단 몇 초라도 생각하게 되면 다음에 할 말을 할 수 있다. 그래야만 자신의 견해를 모두 피력할 수 있는 지점까지 도달할 수 있다.

둘째, 상대방이 자신의 견해를 모두 이야기할 만큼 시간을 할애해준다.

일방적으로 자신의 이야기만 떠들어서는 안 된다. 상대도 자신의 견해를 충분히 이야기할 수 있어야 서로 대화의 일치점을 찾을 수 있다.

셋째, 견해의 일치점을 찾는다.

상대방으로부터 "좋습니다", "어쩌면 저와 생각이 똑같은가요?"라는 말이 나와야 대화에 일치점을 찾았다고 할 수 있다. 새로운 화제를 계속 떠올리고 이야기를 이어나간다면 이는 아직 견해나 관점이 일치했다고 볼 수 없다. 무엇인가 대화에 있어 부족한 점이 있다고 생각하고 있기 때문이다. 이때는 대화를 좀 더 진전시켜야 한다.

넷째, 상대방과의 대화가 즐거웠다고 이야기해준다.

견해와 관점이 일치하여 대화를 종료하고 싶다면 반드시 이 말을 하고 끝내야 한다.

"당신과의 대화는 참으로 유익했습니다."

그런데 우리 주위에선 이런 절차를 무시하고 말을 뚝 잘라버리는 사람이 의외로 많다. 이런 사람들과는 두 번 다시 대화를 하고 싶지 않다.

방송인 이경규는 '끝내기의 달인'이라 할 수 있다. 이경규는 녹화가 진행되는 동안 게스트의 말에 귀 기울이고 눈을 맞추며 경청의 자세를 취한다. 그렇다고 가만히 듣기만 하는 것이 아니다. 잘 이해가 되지 않는 부분은 다시 묻는다. 이야기를 풍성하게 만들기 위해 자신이 알고 있는 이야기를 적절히 더해 이야기가 이어지도록 만드는 것도 잊지 않는다. 적당한 제스처를 통해 말하는 사람에게 날개를 달아주고, 중간 중간에 감탄사와 추임새를 넣어준다. 그렇다고 너무 오버해서 리액션을 하지도 않는다.

대화에서 듣기란, 단순히 소리를 듣는 것이 아니라 화자의 말을 듣고 반응하는 것이다. 대화를 효과적으로 끝내기 위해서는 먼저 경청이 바탕이 되어야 한다. 경청을 통해 상호 간의 신뢰감이 형성되는데 신뢰감이 형성되면 적절한 타이밍을 찾아 대화를 끝내면 된다. 적절한 타이밍이란 대화의 클라이맥스를 말한다. 대화의 클라이맥스는 대화의 목적달성의 정도, 상대방의 표정, 느낌 등을 통하여 찾아낼 수 있다.

05
어떻게 하면 거절을
잘할 수 있을까?

　때때로 거절을 하지 않으면 안 되는 상황에 직면하게 된다. 어떻게 해야 상대의 마음을 다치지 않게 거절 할 수 있을까? 부탁을 단박에 거절하는 것은 상대방에 대한 예의가 아니다. 난처한 부탁이라도 일단은 진지하게 들어주는 성의를 보여주어야 한다.

　부탁을 한 상대는 상당히 큰 어려움에 직면한 상황이므로 딱 잘라 거절하면 깊은 상처를 받기 마련이다. 이러한 점을 헤아려야 한다. 자신의 기대가 한순간 허물어지면 걷잡을 수 없는 허탈감에 사로잡히게 된다. 그러면 어떻게 상대방의 부탁에 대해 상처를 최소화하면서 거절할 수 있을까?

첫째, 일단은 상대방의 입장을 수긍해주는 태도를 보여야 한다.

　다른 사람의 요구를 거절할 때에는 상대방의 요구가 타당한지 아넌지 파악하는 것은 그리 중요한 일이 아니다. 먼저 상대방의 요구에 동조하여 들어주는 반응을 보여주어야 한다. 그래야 상대방의 자존심을 건드리지 않고 마음의 상처도 주지 않게 된다. 만약 처음부터 단호하게 거절하면 상대방의 불쾌한 기분은 오랫동안 씻겨지지 않을 것이다.

"참 안타까운 일이군요. 한번 생각해 보겠습니다."

둘째, 제3자의 이야기를 들어 거절한다.

사회생활을 하다 보면 종종 "급전이 필요한데 돈 좀 빌려주실 수 있나요?"라는 부탁을 받게 된다. 내가 그때 사용하는 방법은 다음과 같다.

"네, 생각은 해보겠습니다만, 저 혼자 결정할 수 있는 내용이 아니라서요. 경제권은 집사람에게 있으니 집사람에게 물어본 후 결정해야 할 것 같네요."

(중략)

"송구한 말씀을 드려야겠네요. 집사람이 오피스텔에 투자를 해서 여유자금이 없다고 합니다. 어떡하죠?"

"어쩔 수 없죠. 마음만이라도 감사히 받겠습니다."

이때 제3자의 이야기를 들어 거절하더라도 일단은 상대방의 의견을 수긍해주는 것이 필요하다.

셋째, 거절의 이유를 분명하게 해야 한다.

"오피스텔 투자로 여유자금이 전혀 없습니다. 미안해서 어떡하죠?"

이렇게 거절의 이유를 분명하게 해야 한다. 그렇지 않으면 상대방은 당신을 지속적으로 다른 이유를 들어 설득하려고 할 것이다. 상대가 두 번 다시 접근하지 못하게 하려면 논리적 사고에 약한 인간의 심리를 이용하는 것이 효과적이다.

넷째, 거절을 할 때는 '아니요'라고 분명하게 말해야 한다.

'아니요'라고 답하면 설득하는 사람은 말할 의욕을 잃게 된다. 반면 이 궁리 저 궁리로 거절의 이유를 불분명하게 생각하다 명분이 약하면 지속적인 도전을 받게 된다. 거절의 이유가 분명하게 밝혀지면 단호하게 '아니요'라고 답해야 한다.

다섯째, 끈질긴 상대를 만났을 때는 잽을 자주 날린다.

내가 부탁을 하거나 제안을 하는 경우라면? 강한 상대는 강한 펀치 한 방으로 날리는 것이 효과적이다. 그러나 상대가 끈질긴 사람이라면 장기전을 각오하고 잽을 자주 날려 주어야 한다.

"이 방법이 최선이 아닐까요?"

"글쎄."

"이 방법이 품질 측면에서 최선의 방법이라고 생각하는데요."

"생각해 보겠네."

"납기 측면에서도 최선이라 생각하는데요."

"글쎄."

아내와 20여 년을 살면서 답답함을 느낄 때가 종종 발생하는데 그 첫 번째는 무작위로 걸려온 텔레마케터의 전화에 대응하는 자세다. 필자는 간단하게 거절 이유를 대고 전화를 끝낸다.

그런데 아내는 오랜 시간 마케터들과 대화를 주고받는다. 가입할 의사가 전혀 없는 데도 말이다. 이렇게 거절의사를 간단명료하게 전하지 않고 대화를 계속하여 주고받는 일은 상대방의 소중한 시간을 빼앗는 일이기도 하다.

"네, 그런데 어쩌죠? 이미 유사한 상품을 구매하였습니다. 미안합니다. 즐거운 하루 보내세요."

이 한마디면 간단명료하게 마케터의 제안을 거절할 수 있다.

협박으로는
상대방을 움직일 수 없다

〈실마릴리온〉은 〈반지의 제왕〉 작가 톨킨이 '땅에 난 구멍 속에 호 빗이 살고 있었다'라는 문장에서 영감을 받아 집필한 작품으로, 호빗 이 사는 '가운데 땅'의 역사에 대한 기록이다. 그가 사랑하고 증오하 고 두려워했던 모든 것들을 쏟아부은 신화적 연대기로, 톨킨이 창조 한 신화의 세계가 생생하게 펼쳐진다. '발라들의 땅'을 비추던 두 그 루의 나무가 암흑 군주 모르고스에 의해 파괴되고, 그 나무들의 빛이 봉인된 보석 '실마릴'조차 모르고스의 손에 들어간다. 잃어버린 '실 마릴'을 되찾기 위한 길고도 격렬한 전쟁이 시작되는데 〈실마릴리 온〉의 주인공이라 할 수 있는 페아노르, 그는 협박의 달인이다. 실마 릴이 강탈당한 뒤 그는 실마릴을 되찾겠다고 맹세했고, 자식들에게 그것을 강요했다.

마에드로스에게 "아버지가 가는데 장남이 가지 않으면 안 되겠지?"

카란시르에게 "혼자 있으면 무섭겠지?"

암로드에게 "형들이 간다는데 넌 안 갈 거니?"

핑골핀에게 "너는 형이 가는 곳은 어디든 따라간다고 했지. 형이 가니까 너도 가야겠네?"

트르곤과 아르곤에게 "가족이 모두 간다는데 너도 가야지?"

"네, 갈게요."

하지만 피나루핀은 유일하게 협박에 굴하지 않았다.

"너는?"

"전 안 갈래요."

페아느로는 자식들을 협박하여 전쟁터로 몰아넣은 파렴치한 부모다. 이러한 협박은 비즈니스나 일상적인 대화에서도 자행되고 있다. 그러나 협박을 통한 대화는 지속적인 관계 유지나 성공적인 비즈니스와 연결되지 못한다.

"나를 더 이상 화나게 하지 마."

"더 이상 간섭하지 마."

"이러쿵저러쿵 말하지 마."

"화를 참는 데도 한계가 있어. 두 번 다시 내 앞에서 그 말하지 마."

"또 그 얘기야? 그러면 신경질 나지."

"내가 폭발하면 어떻게 변할지 나도 몰라."

"네가 자꾸 나를 화나게 하는데 또 그러면 알아서 해."

"내가 화내는 꼴 보고 싶지 않으면 조심해."

이와 같은 말은 모두 폭력적인 말이다. 이는 상대를 존중하지 않는

데서 비롯된다. 많은 사람들이 모여 있는 곳에서 이런 말을 한다면 당신은 신용을 잃어버리기 십상이다. 이것은 모두 상대방의 마음과 입을 닫아버리는 무서운 언어폭력이다. 어떤 상황이든 이런 말을 해서는 안 된다. 이런 말 한마디가 그동안 쌓아왔던 신뢰를 일시에 무너뜨린다.

이런 사람들은 논리적으로 상대를 설득하기보다는 폭력을 통해 상대방의 생각과 행동을 일시에 통제하려고 한다. 논리적 사고능력이 부족하기 때문에 부정적 감정으로 상대를 위협하려 하는 것이다.

이런 사람들이 권력을 잃으면 주변에 있는 사람들은 모두 떠난다. 영원한 권력은 없다. 무조건적으로 상사의 말을 수용했던 것은 80년대에나 가능했으리라. 요즈음 젊은 사람들은 존중과 배려가 없는 조직을 언제든지 짐을 싸서 떠나버린다. 특히 실력 있는 후배들은 뒤도 돌아보지 않고 회사를 떠난다. 이것은 조직에 큰 손실이다. 젊은 조직일수록 상사가 대범하고 배려심이 있으며 인망 있는 상사 아래서 일하고 싶어 한다.

폭력적인 사람은 상대는 아군 아니면 적군이라는 식으로 단순하게 생각한다. 이런 폭력적인 사람에게는 어떻게 대응하는 것이 좋을까?

첫째, 우선 태풍을 피하는 것이다.

'똥이 무서워서 피하는 것이 아니라 더러워서 피한다'라는 말이 있다. 이런 사람들은 입에 발린 칭찬을 좋아한다. 진심이 아니어도 상관없다.

"정말 대단하시네요."

"부장님이 아니면 누가 그 일을 하겠어요?"

"저도 공감합니다. 지당하신 말씀입니다."

"저는 생각하지도 못한 건데……."

"힘드시죠. 저한테 맡겨 주십시오."

둘째, 상대에게 맞대응한다.

이런 사람들은 강한 사람에게 약한 면이 있다. 논리적 사고로 무장하여 강력하게 맞대응하는 것이다. 이외로 고분고분해지는 상사가 많다.

"여기 이런 근거가 있는데, 그러면 이 근거가 날조된 것이라고 생각하십니까?"

"논리적으로 말씀해주세요. 그래야 이해할 것 아닙니까?"

단, 상황과 상대를 보고 덤벼야 한다.(부당함에 맞서 논리 찾다가 책상이 빠지는 수가 있다.)

셋째, 부드럽게 상대를 대한다.

위의 2가지 방법이 통하지 않는 사람이라면 아기 다루듯 부드럽게 상대를 다룬다.

"아, 죄송합니다. 부장님의 깊은 뜻을 미처 생각하지 못했습니다."

"제가 부장님께 폐만 끼치는 것 같습니다."

이것은 태풍을 피하는 방법과 달리 진실성이 있다.

넷째, 사전 조율을 충분히 한다.

이런 사람의 특징이 권위를 내세우는 경우가 많다.

"왜 나와 사전에 상의를 하지 않았나요?"

"내가 누군지 알고 그렇게 한 것입니까?"

이런 사람들은 사건에 대해 미리 언급하거나 사전에 조율을 하면 생각보다 효율적으로 일을 처리할 수 있다.

07
부하들이 당신을
따르지 않았던 이유

백문이 불여일견(不如一見) 백 번 듣는 것이 한 번 보는 것보다 못하다, 직접 경험해야 확실히 알 수 있다는 뜻이다. 소대장이 '돌진 앞으로'를 외치며 앞장서면 소대장을 따르던 병사들이 소대장을 따라 용감하게 전투에 임하게 된다. 목숨을 잃을까 두려워 뒤에서 '돌진 앞으로'를 외치기만 하면 아무도 소대장을 따르지 않는다.

1965년 10월 맹호부대 1연대 10중대는 파월을 앞두고 막바지 훈련에 돌입하였다. 강재구 대위가 지휘하는 10중대는 수류탄 투척 훈련을 하고 있었다. 그때 한 병사가 수류탄을 잘못 던져 중대원들이 모인 곳에 떨어졌다. 강재구 소령은 "빨리 피해라!" 외치고 수류탄을 온몸으로 안았다. 이러한 그의 희생정신으로 '재구대대'라는 부대가 편성되었고 재구대대로 명명된 맹호 1연대, 3대대는 베트남 전쟁 때 많은 전과를 올렸다. 온몸을 던져 목숨을 바친 그의 희생정신을 많은 부대원들이 존경하고 따랐기 때문에 얻을 수 있는 결과였다.

사병이 가장 무서워하는 장교는 '소리 지르는 장교'가 아니라 '연병장을 같이 뛰는 장교'라 하지 않는가? 미국의 해병대 네이비실이 '귀신 잡는 미국 해병대'로 유명한 것도 바로 솔선수범 리더십 때문이다. 장교와 사병이 같은 지옥 훈련에 참가한다. 지옥 훈련을 함께 받으며 유대감이 자연스럽게 형성되는 것이다.

경영자들이 경비 절감을 위해 '골프 접대 금지'를 외치면서 정작 자신은 하루가 멀다 하고 골프 접대를 한다고 가정해보자. 누가 그런 경영자를 보고 경비 절감에 나서겠는가? 경비 절감을 외치면서 자신은 특별보너스라는 명목으로 급여를 별도로 챙기는 경영자 밑에서는 아무도 진심으로 경비 절감을 위한 노력을 기울이지 않을 것이다.

필자가 근무했던 회사의 오너도 그랬다. 직원들에게 특별상여금을 지급하지 않고 정작 자신은 연봉을 11.5억 원에서 21억 원으로 대폭 올려받았다. 그리고 전사적으로 로열티 강화를 위한 교육을 실시하라는 지시를 하였다. 누가 경영진의 이런 태도에 주인정신을 갖고 충성심을 가지고 일하겠는가?

직원들은 '경영자가 회사 돈을 물 쓰듯 하고 있는데 우리가 이 정도 쓰는 것은 문제가 없어'라고 생각하게 될 것이다. 윗물이 맑아야 아랫물이 맑은 법이다.

결국 아무리 입으로 떠들어봤자 소용없는 일이다. 자신의 행동으로 직접 보여주어야 한다. 부하 직원들은 상사의 입이 아니라 행동을 보고 따라 하는 것이다.

네덜란드 암스테르담 대학의 바스 반 덴 푸테(Bas van den Putte) 교수는 '이 초콜릿은 아주 맛이 좋은 초콜릿이야'라고 말로 설명하기보다 초콜릿을 맛있게 먹는 모습을 직접 보여주는 것이 '나도 저 초콜릿을 먹고 싶다'는 욕구를 훨씬 강하게 불러일으킨다는 사실을 실험으로 보여주었다.

문제 아이들의 행동 개선을 주제로 한 프로그램이 반영되고 있다. 대부분의 아이들은 부모들의 억압된 명령이나 바람직하지 않은 양육방식 때문에 문제행동을 일으키고 있었는데, 해결방법은 놀랍게도 문제 아이의 행동을 변화시키는 것이 아니라 아이를 양육하는 부모의 행동을 변화시키는 것이었다. 전문가의 조언을 통한 이러한 접근방법으로 대부분의 아이들이 정상으로 돌아왔다.

입으로 설득하는 것보다 행동으로 설득하는 것이 효과적이라는 사례는 현실에서도 자주 목격된다. 자신의 행동으로 다른 사람을 설득해야 한다. 말로 강하게 밀어 붙인다고 설득할 수 있는 것이 아니다.

담배를 피우는 자녀에게 "담배 좀 끊어라"라고 말하지만 말고 자신이 먼저 담배를 끊는 모범을 보여주어야 한다. "공부해라. 공부 좀 해라"라고 말로만 하지 말고 부모 자신이 책상에 앉아 책 읽는 모습을 보여주면 부모의 뒷모습을 보고 자녀들은 따라 하게 된다.

"자신의 일에 애착을 가져라", "즐겁게 일하라", "자신의 일을 소중하게 생각하라", "매사에 최선을 다하라"고 매일같이 부하 직원에게 말하지 않더라도 자신이 즐겁게 일하고 창의력을 발휘하며 최선을 다해 자부심을 갖고 일을 한다면, 굳이 말하지 않더라도 부하들은 당신의 말과 행동을 그대로 따라 할 것이다. 경험을 함께 판매한 회사의 상품은 제품 자체만 판매한 회사의 상품보다 매출이 24%가 늘어났다는 연구결과도 있다.

08
제안이
거절당했을 때

제안에 대한 거절은 일반적으로 다음과 같이 돌아온다.

- 습관 : 우리는 그렇게 한 적이 없습니다.

- 가격 : 너무 비싼데요. 예산이 없습니다.

- 두려움 : 너무 최신품입니다.

- 불평 : 서비스가 형편없습니다.

- 시기 : 지금 당장 물건이 필요해요.

- 경쟁사 : ㅇㅇㅇ사의 제품을 구입할 것입니다.

- 무시 : 필요 없어요. 저희한테는 안 맞는 것 같습니다.

- 연고 : 저는 대학 동기로부터만 구입합니다.

- 세세함 : 재떨이가 너무 작습니다.

- 회피 : 저는 마음에 드는데, 결정권은 사장님이 갖고 있습니다.

- 대인 감정 : 당신 또는 ○○○을 싫어합니다.
- 기타 : 다른 반대도 있습니다.

제안이 거절당하면 표정관리가 어려워지면서 화가 난다. 하지만 적절한 대응을 통해 다시 기회를 노려야 한다. 먼저 상대방의 의사를 그대로 인정해준다. 그리고 상대방의 숨겨진 의도가 무엇인지 밝혀내고 호의적인 반응을 이끌어낸다. 마지막으로 근거를 제시하면서 다시 한 번 설득해 본다.

이렇게 해도 거절당했을 때는 실망한 표정을 짓거나 아쉬워하는 표정, 슬픈 표정을 짓는 것도 효과적이다. 이렇게 하면 상대방이 마음의 빚을 지게 되어 향후에 무엇인가 보답하게 된다.

예를 들어 당신이 제안한 기획서에 대해 클라이언트가 "제안서는 잘 보았습니다. 그러나 이 제안은 받아들일 수 없습니다"라고 단호하게 거절했을 때 당신이 화난 표정을 하거나 붉으락푸르락하게 되면 당신은 동정심을 받을 수 없다.

이때는 어깨를 축 늘어뜨리고 세상을 다 잃은 듯 풀죽은 모습을 보인다면 상대방은 측은한 마음이 들지 않겠는가? 이 방법이 좋은 방법은 아니지만 이 프로젝트가 당신에게 절체절명의 중요한 이슈라면 어떻게 하겠는가?

이렇게 하면 대부분의 사람들은 당신을 다독거려 줄 것이다. 그리고 "당신의 기획서가 나쁘다는 뜻이 아닙니다. 다만 저희 회사의 규모로는 감당하기 어려울 만큼의 큰 제안이라 자체 예산으로는 이 프로젝트를 수행하기 어렵다는 뜻입니다. 규모를 40% 정도 줄여서 다시 제안서를 제출해 주셨으면 합니다"라고 역제안을 할지도 모른다.

밤샘 작업을 통해 만들어진 제안서가 거절당했을 때는 이루 말할 수 없을 만큼 상심이 크다. 이때 낙담하지 않은 척, 실망하지 않은 척 할 필요는 없다. 슬픈 감정을 그대로 드러내 보이는 것이 더 인간적일 수 있다. 표정은 말보다 더 많은 것을 담아내는 것이기 때문에 이러한 감정을 잘 활용할 필요가 있다.

또한 상대방(특히 고객)이 어떤 이유로 거절을 하는지, 그 원인을 찾으면 설득의 돌파구는 열린다. 거절당하는 이유는 바로 자신에게 있다는 사실부터 깨달아야 한다. 상대방이 반론을 제기하거나 거절하는 경우, 상대방의 본심을 정확하게 읽어야 한다. 상대방이 거절하는 이유는 대체적으로 다음과 같다.

- 상대방이 흥미를 느낄 만한 메리트가 없다.
- 상품에 대한 매력이 없어 구매욕구가 없다.
- 상담자의 설명이 이해되지 않는다.
- 상담자가 인간적으로 호감이 가지 않는다.
- 상대방에게 구매결정권이 없다.

거절에 대한 원인을 찾았다면 이번에는 이 원인을 어떻게 제거할 것인지 방안을 찾아내면 된다. 거절의 원인이 '상담자가 인간적으로

호감이 가지 않는다'라면 상담자를 다른 사람으로 바꾸거나 호감을
높일 수 있는 교육훈련을 받아 보는 것이다.

09
설득에는
돈도 필요하다

이 세상에 돈 욕심이 없는 사람이 있을까? 하지만 돈을 중시하는 사람을 천박하게 보는 사람도 있다. 그런데 이러한 시각으로 타인을 평가하는 사람도 실상은 돈을 무척이나 밝힌다. 이렇게 이중적 잣대를 가지게 하는 것이 바로 돈이다.

"당신이 일하는 목적이 무엇인가?"라고 물으면 모든 사람이 "돈을 벌기 위해서 입니다"라고 대답한다. "자신의 가치 실현을 위해서" 또는 "일하는 것이 좋아서 일한다"라고 대답하는 사람도 "돈을 주지 않아도 일을 하겠습니까?"라고 질문하면 이들도 "No"라고 대답한다. 돈은 결코 나쁜 것이 아니다.

우리는 한 푼이라도 더 벌기 위해 잔업근무도 한다. "난 잔업수당이 없어도 밤늦게까지 남아서 일을 할 거야"라고 말하는 사람은 없다. 밤늦게 일하는 이유는 당장은 잔업수당을 받지는 못하더라도 승진이나 인사고과에 유리한 고지를 점령할 수 있기 때문이다. 승진과 고과도 돈과 연결되는 부분이다.

사람의 마음을 끌어들이는 데 아주 간단하면서 확실한 방법이 하나 있다. 바로 돈을 활용하는 것이다. "이 제안을 받아들이면 얼마를 드리겠습니다"라고 약속하면 대부분의 사람들은 이쪽의 의도대로 따라오기 마련이다.

이렇게 말하면 "사람을 뇌물로 매수하라는 말인가?"라고 반론을 제기하는 독자가 있을지도 모른다. 뇌물사건으로 사회적 물의를 일으키는 사건을 수없이 보아온 터여서 그렇게 생각할 수도 있다. 하지만 이것은 그런 뜻이 아니다.

예를 들어 '갑'이라는 사람과 'A'라는 회사가 있는데 이들 사이에는 깊은 교류가 있다. 그런데 A사에 상품을 납품하기 위해서는 영업을 해야 하는데 A사에 접근할 방법이 전혀 없다. 이때 어떻게 하면 판매 경로를 확보할 수 있을까?

그런데 마침 A사와 친분이 있는 '갑'과는 잘 알고 있다. 이런 때는 '갑'을 활용하면 매우 효과적이다. 어차피 영업비용은 발생되는 비용이고 이 비용을 '갑'에게 지불하면 된다. 이것은 뇌물이 아니다. 정상적인 영업비용인 것이다. '갑'도 노동의 대가를 받는 것이다. 한마디로 Win-Win전략이다.

어린아이들에게 심부름이나 청소를 시키고 용돈을 주면 신나게 그 일을 하지 않는가? 부모님 생신이나 명절 때 용돈을 드리면 한두 번은 거절하시지만 즐겁게 받으신다. 동료의 자제가 군대에 입대한다고 할 때 용돈을 쥐어 주면 단박에 좋은 관계가 성립된다.

어떤 일이든 "돈으로 보상하겠다"라고 하면 대부분의 사람들이 부탁을 들어주겠다고 나서기 때문에 자신의 의도대로 설득할 수 있다. 물론 모든 사람들을 돈으로 움직일 수는 없다. 그러나 유형의 제화든 무형의 제화든 궁극적으로는 돈과 연결되지 않으면 사람을 움직이는 것은 쉬운 일이 아니다. 자신에게 이익이 없으면 움직이겠는가? 예를 들어 봉사도 자신의 만족감 등이 없다면 봉사를 하겠는가? 어떤 보답이 돌아오기 때문에 봉사도 하는 것이 아닌가?

조던, 메시, 호날두, 베컴 이들은 매우 유명한 스포츠 선수들이다. 이들은 명망 있는 구단에서 천정부지의 몸값을 받고 운동장과 코트를 누볐다. 구단에서는 이들을 데려오기 위해 천문학적인 비용을 지불해야만 했다. 돈을 설득의 수단으로 활용한 것이다.

스포츠지 기자가 베컴에게 다음과 같은 질문을 했다.

"이 구단을 선택하게 된 첫 번째 이유는 무엇입니까?"

"네, 제 기량을 마음껏 펼칠 수 있는 곳이기 때문입니다. 그리고 명망 있는 팀에서 뛰고 싶었습니다."

이것은 베컴의 본심이 아니다. 구단에서 값비싼 비용을 지불하지 않았다면 베컴은 결코 이 구단을 선택하지 않았을 것이다. 다른 스포츠 선수들의 답변도 마찬가지였다.

이는 결코 돈으로 사람을 매수하라는 것이 아니다. 그러나 결정적일 때 돈은 설득하는 데에 매우 유효한 수단으로 활용할 수 있다는 의미다.

다음과 같은 선물을 주는 것도 좋다.

- 화장품
- 칭찬의 말
- 감사의 말
- 공감의 말
- 지위 인정 등

10
실수는
어떻게 수습하면 좋을까?

　업무 중 실수를 했다. 100% 자신의 책임이 아니지만 가장 책임이 크다.

　"죄송합니다. 정말 죄송합니다. 드릴 말씀이 없습니다. 팀장님 깊이 반성하고 있습니다. 용서해 주십시오. 죄송합니다."

　진심으로 반성하고 있는 태도다. 그런데 왜 이런 실수가 발생했는지, 실수가 재발하지 않도록 어떻게 할 것인지에 대해서는 설명이 없다. 미안한 마음은 알겠지만 이를 듣는 사람은 답답해진다.

　"물론 제 책임이 큽니다만……."

　이렇게 말하면 더더욱 큰 잘못이다. 이것은 반성의 마음이 전혀 없는 태도이다. 이렇게 말하면 '자기는 잘못이 없다는 거야? 자신의 책임을 왜 남의 탓으로 돌리는 거야?'라고 생각하게 된다. 이것은 사과가 아니라 변명이다.

"제 실수 때문에 많은 분들께 걱정을 끼쳐드렸습니다. 송구합니다. 이중화 작업을 설계 사양에 넣었어야 하는데 이를 간과했습니다. 이중화 작업을 설계 사양에 곧바로 반영하였습니다. 향후의 결과를 지속적으로 모니터링하고 보고 드리도록 하겠습니다."

실수를 저질렀다면 마음에 진심을 담아 이해관계자들에게 사과를 해야 한다. 진실한 마음은 표정이나 태도로 나타낸다. 진심인지 아닌지는 말투와 행동을 보면 쉽게 알 수 있다.

실수에 대한 원인이 있다면 이를 솔직하게 이야기해 주어야 한다. 그래야만 그 원인을 제거할 수 있다. 원인을 즉각적으로 밝혀낼 수 없다면 전문가의 조언을 들어야 한다. 원인이 밝혀지면 해결방안을 도출하는 것은 쉽다. 해결방안이란 문제를 일으킨 원인을 어떻게 제거할 것인지 아이디어를 도출해 내는 것이기 때문이다.

실수를 하면, 어떤 실수에 대해 사과하는지 무엇을 반성하고 있는지를 분명하게 밝히는 것이 중요하다. 말로만 사과하는 것보다는 '행동'으로도 자신의 실수를 인정해야 한다. 자신의 실수로 벌어진 일에 대해 적극적으로 해결하고자 노력해야 한다. 그리고 실수 때문에 벌어진 사태를 확실하게 수습해야 한다.

일이 이미 벌어진 상태에서는 즉각적으로 해결이 가능한 일이 있고 시간이 필요한 일이 있다. 시간이 필요한 일은 이해관계자 및 전문가와의 협의를 통해 최대한 빨리 문제의 원인을 제거해야 한다. 이렇게 해야만 설득력이 있다.

"이런 조치를 취했습니다."

"이렇게 조치를 취하면 될까요?"

"이런 조치를 취하려고 하는데 다른 의견이 있으신가요?"

가능한 빠른 시일 내에 이 문제를 해결하기 위한 단기적 또는 중장기적 해결 방안을 도출해야 한다. 아울러 문제가 해결되었다고 해도 문제가 재발될 수 있으므로 재발 방지를 위한 Follow-up 계획도 수립하여 지속적으로 관리해야 한다.

만약 당신이 협조를 요청해야 할 부분이 있다면 혼자서 끙끙 앓다 해결 타이밍을 놓치지 말고 솔직하게 도움을 요청해야 한다. 실수는 전화위복의 계기가 될 수 있다.

지금의 원자로는 수많은 연구와 시행착오 및 실수를 통해 진화해 왔다. 국내에서 주로 사용하는 가압수형 원자로는 현존하는 원자로 중 가장 발전된 형태 중 하나인데, 30여 년 전 이 원자로로 인해 큰 사고가 발생했다. 쓰리마일섬(TMI, Three Mile Island) 원자력발전소 사고로 국제원자력 사고척도로는 '시설 외부까지 위험을 초래한 5단계'로 분류되었다.

TMI 사고는 1979년 일어났다. 가압수형 원자로는 압력을 가한 물을 냉각재로 이용하기 때문에 냉각수 순환계통의 압력을 잘 조절해야 한다. 그런데 원자로 2호기를 수리하던 중 이를 조절하는 밸브가 고장 나서 닫히지 않았던 것이다. 압력이 약해져서 물의 끓는점이 낮아지니 원자로 속의 물이 증발해버렸고 원자로 노심이 물 밖으로 드러나서 녹아버리고 말았다. 녹은 핵연료에서 많은 양의 방사성물질이 나와 이후 2호기는 폐쇄되었다.

TMI 사고는 작은 고장이나 설계 실수가 큰 사고로 이어진 대표적인 사례라고 할 수 있다. 가장 큰 원인은 바로 설계. 증기배출밸브의 개폐 상태가 매우 중요한 데도 제어실에서 이를 확인할 수 있는 방법이 없었다. 원자로의 이상을 알려주는 경고등도 체계 없이 한꺼번에 울리는 바람에 운전원들은 정확히 무엇이 문제인지도 알기 어려웠다. 또한 작업 흐름이나 사용자의 편의성을 고려하지 않고 설계되다 보니 원자로의 현재 상태를 빨리 파악하고 기민하게 대처하기란 어려웠을 것이다.

TMI 사고 이후 미국의 원전 관련 정책은 크게 바뀌었다. 원전의 방사선 차폐가 이전에 비해 강화되었을 뿐 아니라 원자로의 냉각 시스템이 보강되는 것은 기본이고, 제어실에서 원전의 상태를 한눈에 파악할 수 있도록 계기판이 개선되는가 하면, 원전 종사자들에 대한 전문교육기관도 설립되었다. 그 결과가 지금은 별다른 사고 없이 운전 중에 있다.

TMI 사고가 전화위복의 계기가 되었던 셈이다. 누구나 실수를 하게 마련이다. 그러나 중요한 것은 실수 이후의 대처를 어떻게 하느냐가 문제이다.

제3장

나도 인기 있는
사람이고 싶다

01
잘난 척은
집에 가서나 해라

　"(거만한 태도로) 저는 서울 S대를 졸업하고 L그룹에 입사하여 ERP 시스템을 완벽하게 구축한 공로로 동기들보다 2년 빠르게 과장에 진급한 적이 있습니다. 또한 전사 R&D 경진대회에서 S그룹 POS시스템 구축사례를 발표하여 대상을 받기도 하였습니다."

　당신은 자기 자랑을 사람들에게 떠벌린 적은 없는가? 필자의 주변에도 그런 사람들이 있다. 자신의 강의 경험담을 SNS에 '지식생태학자 ○○○ 박사', '저명한 미래학자 ○○○ 박사'라고 쓴다. 실상을 알고 있는 나는 실소가 나온다. 이런 사람들은 글을 올릴 때 손발이 오글거리지도 않나 보다.

　그런데 이렇게 자기 자랑에 심취한 사람들의 특성을 살펴보면 열등감에 사로잡혀 있는 경우가 많다. 자신의 취약한 부분을 감추기 위해 표현하는 위장전술의 하나다. 마치 카멜레온의 위장전술과 같은 것이다. 자신의 약한 몸을 적에게 발각되지 않으려고 하는 자기방어 기제이다.

대화에서는 이렇게 하면 실패한다. 있는 그대로의 모습을 보여주어야 한다. 상대방이 먼저 인정해줄 때 비로소 진정한 가치가 생기는 것이며 자기 자랑은 자랑을 위한 자랑에 지나지 않는다. 칭찬 받을 만한 자랑은 스스로 자랑하지 않아도 모든 사람 앞에 저절로 드러나게 된다. 자랑거리를 억지로 만들어 사람들을 끌어들이려고 하면 할수록 사람들에게서 멀어지게 마련이다.

설령 조금이라도 자랑하고픈 마음이 생기더라도 사람들이 알아줄 때까지 묵묵히 기다려야 한다. 물론 사람의 심리라는 것이 자랑거리가 생기면 입이 근질근질해진다. 그러나 이것을 참지 못하고 자신만이 이 세상에서 할 수 있는 일인 것처럼 이야기한다면 존경심이 아니라 반감을 먼저 살 것이다.

신나게 자랑만 하기 바쁜 사람을 만나면 기분이 어떠한가? 존경하는 마음이 생기는가? 진정으로 칭찬하고 싶은 마음이 발로되는가? 그 누구도 'NO'라고 대답할 것이다.

"김 대리, 소프트웨어 분석/설계분야 대한민국 R&D경진대회에서 대상을 받았다고. 정말 축하해. 진작 귀띔이라도 해주지 그랬어? 참 대단해."

이런 말을 당신이 들었다면 다음과 같이 말하면 된다.

"아니, 그게 뭐 축하받을 만한 일인가요? 과찬이십니다. 남들도 다 하는 일인걸요."

그러면 상대방은 다음과 같은 반응을 보일 것이다.

"남들도 다 할 수 있는 일이라니? 대한민국 R&D경진대회가 어떤 대회인데. 해당 분야의 최고 실력자들이 모여서 최고를 가리는 정평 있는 대회잖아. 참가하는 것만으로도 최고의 실력을 인정받는 대회가 아닌가? 하물며 대상이라니……."

자연스레 궁금한 점을 자세하게 물어볼 것이고, 그 과정에서 당신의 가치를 높게 평가해 줄 것이다. 그러나 자기 자랑만 늘어놓는다면

"그래? 그 대회엔 운이 좋으면 입상하는 것 아닌가? 회사에서도 별로 관심 없는 분야 아니야?"

상대는 이런 반응을 보일 것이다. 그러면 머쓱해지고 자신의 약점을 감추려고 더 강도 높게 자기 자랑을 늘어놓게 된다. 이쯤 되면 상대방은 이렇게 답한다.

"알았어, 그만하라고……."

2014년 12월에 '갑질'을 하던 100억 원대 주식갑부가 법정 구속되었다는 뉴스를 접했다. 전주지법 군산지원은 유흥주점에서 행패를 부리고 출동한 경찰관을 폭행한 혐의로 기소된 모 씨에게 징역 1년 6개월을 선고하고 법정 구속했다고 밝혔다. 그는 경찰관에게 "내가 너희들에게 100억 원 중 10억 원만 뿌리면 너희 옷 모두 벗길 수 있다. 당장 1억도 없는 것들이 나이만 먹고 말이야. 내가 아는 사람에게 1억 원씩 주고 너희들 죽이라면 당장 죽일 수 있다"라면서 폭언을 하였다고 한다. '갑질'과 '잘난 척'의 전형적인 사례다. 이러한 사람들은 잘못을 했을 때 뉘우치는 일이 없이 변명으로 일관하는 경우가 많다. 잘

난 척은 득보다 실이 많다. 잘난 척은 자신의 약점을 감추려는 나약한 인간의 본성에서 출발하는 것이다.

잘난 척하는 사람의 이야기를 인내심을 발휘해 들을 수 있는 사람은 성인군자다. 당신은 잘난 척하는 사람들의 이야기를 한 자도 빠짐 없이 경청한 적이 있는가? 이런 상황에서 대부분의 사람들은 자리를 박차고 나오고 싶은 심정일 것이다. 모르는 것을 물으러 왔는데 "뭐야, 이렇게 쉬운 것도 모른단 말이야?"라는 말을 들었다면? 이런 말을 들은 사람은 무슨 큰 잘못이라도 한 양 위축되어 버린다. 반면 이런 말을 한 사람은 자신이 무언가 승리를 거둔 사람처럼 자아도취에 빠져 이런 말을 반복하게 되는데, 결국은 사람들로부터 반감을 사서 공격당하기 마련이다.

"조 과장, 도대체 몇 번을 얘기해야 알아들어?"

"김 대리, 무슨 말인지 모르겠어?"

"왜 말귀를 알아듣지 못하는 거야?"

"또 얘기해야겠어?"

"입이 닳도록 말한 거잖아."

삼국지에 등장하는 복룡(伏龍)은 하늘에 오를 때를 기다리는 숨어 있는 용으로 제갈량을 일컬으며, 봉추(鳳雛)는 아직 다 자라지 않은 새끼봉황을 의미하는 것으로 방통을 지칭하는 말이다. 둘 다 천문과 지리에 통달하여 자유자재로 지략을 펼치고 군사를 부리는 재주를 지닌 인물로 알려져 있다.

어느 날 오군 총사령관인 노숙은 방통의 지혜와 준수함을 알고 오나라 주군인 손권에게 대면을 시켰으나, 그의 볼품없는 용모와 어머니 오국태의 악의에 찬 평가로 인해 그를 채용하지 않는다. 제갈량에게서 추천장을 받은 방통은 형주의 유비를 찾아간다. 유비는 손건을 시험관으로 하여 그를 시험하게 했다.

손건이 아뢰었다.

"저 사람은 재주가 있는 듯하니 먼저 현령으로 명하여 재주를 시험해본 후 최종 결정함이 좋을 듯합니다."

방통은 자신을 겨우 현령감으로밖에 보지 않은 것에 화가 났으나 애써 참으며 유비가 내린 벼슬을 받고 임지로 떠난다. 유비는 방통이 매일 술만 마시며 세월을 보내고 있다는 보고를 받고 장비에게 직접 가서 확인해보도록 지시했다.

장비가 뇌양현에 이르자, 관리들이 모두 나와 맞이하는데 방통은 보이지 않아 관리들에게 현령에 대해 물으니 기다렸다는 듯이 현령을 일러바쳤다.

"현령은 부임한 뒤로 지금까지 백여 일 동안 고을 일은 하나도 하지 않고 매일 술만 마셨습니다. 지금도 혼자 술을 마시고 주무시고 계십니다."

장비가 방통에게 업무 명령을 내리자 벌겋게 취한 방통이 나타나 "까짓 백 리도 안 되는 고을의 일이야 뭐 어려울 게 있겠소? 내 금방 해치울 테니 걱정 마시오."

방통이 그동안 밀린 서류를 모두 가져오라고 하자, 관리들이 이런 저런 문서와 장부 등을 가지고 왔다. 그는 문서를 넘기며 업무처리 방향을 지시하고, 문서의 합계가 잘못되었다는 것을 한눈으로 살피고는 검산해 보라고 한 결과, 방통의 계산이 정확했다. 판결을 내리는 데도 누가 들어도 합당하여 아무도 이의를 제기하는 사람이 없었다.

백여 일이나 밀린 관청 일을 반나절도 안 되어 완벽하게 처리하는 것을 본 장비는 그만 눈이 휘둥그레졌다. 돌아온 장비가 유비에게 그간의 일을 자세히 고하자, 깜짝 놀란 유비는 방통을 몰라본 자신의 과오를 크게 뉘우쳤다.

유비는 방통을 직접 찾아가 자신의 잘못을 빌고자 했다. 유비가 뇌양현에 도착하자, 방통은 여전히 술에 취하여 술을 받아오라고 호통을 치고 있었다. 유비는 선뜻 내가 받아오겠다며 무슨 술이 드시고 싶냐고 물으니 선곡주라고 한다. 이때 유비는 아들이 혼수 상태이니 급히 오시라는 전갈을 받았는데, 공무로 바쁘니 부인이 잘 돌봐달라는 지시만 내리고 술을 받으러 간다.

"술을 대령했습니다."

"그따위 술로 내 마음을 돌려놓을 것 같소? 난 이대로 떠나렵니다."

"굳이 가시겠다면 막지 않겠습니다. 제가 가진 것이 없어 내 애마 밖에 드리지 못하여 송구합니다. 이 말을 타고 가십시오."

방통은 길을 떠났지만 곧 발길을 돌려 유비에게로 돌아온다.

"저, 봉추는 옥석을 가리는 군주를 오늘에야 찾았습니다. 주공을 따라 형주에 돌아가 촉한의 부흥에 힘을 쏟겠습니다."

유비는 곧바로 그를 군사 제갈량과 함께 전략을 수립하는 부군사

(副軍師)로 임명했다. 드디어 방통은 제갈량과 함께 유비의 양쪽 날개가 된 것이다. 유비는 제갈량을 모실 때도 삼고초려했다. 자신을 최대한 낮추는 자세를 견지한 것이다. 사람을 대할 때 자신의 체면을 먼저 생각하지 않고 겸손한 마음으로 대할 때 자기 사람으로 만들 수 있다는 것을 명심하자.

마쓰시타 고노스케는 94세까지 천수를 누리는 동안 570개 기업에 종업원 13만 명을 거느린 마쓰시타 그룹의 창업자이자 경영의 신이라 불렸다. 그러나 어릴 때 만해도 그는 가정형편으로 초등학교 4학년 때 중퇴하고 자전거포 점원 등 여러 가지 직업을 전전해야만 했다.

어느 날, 한 기자가 그의 고단했던 어린 시절에 대한 질문을 던졌다.

기자: 물건을 배달할 때 힘들지 않았나요?

마쓰시타: 태어나서 처음 타 보는 전차였어. 무척 신기하고 흥분되어 잠잘 기분이 아니었지.

기자: 수습 사환일 때는 주인집 아기도 함께 돌보셨잖아요? 힘들지 않았나요?

마쓰시타: 울 땐 사탕이라도 물리면 그친다는 것을 알았지. 아이

를 등에 업고 내가 좋아하는 기계를 쳐다보면서 지내는 일이 항상 즐거웠지.

기자: 전기회사에서 일하던 시절, 한여름 무더위에 지붕 밑 다락방에서 웅크리고 지낼 때는 힘들지 않았나요?

마쓰시타: 지붕 밑 다락방은 무척 더웠었어. 하지만 밖으로 나왔을 때의 상쾌함은 그 무엇과도 바꿀 수 없는 최고의 기분이었지.

기자는 더 이상 질문하지 않았다.

무엇을 물어 보아도 그는 '힘들었어', '싫었어', '할 수 없었어'와 같은 부정적인 답변은 얻을 수 없는 사람이라는 것을 알았기 때문이다.

"네가 할 수 있겠어?"

"당신 실력으로는 어림도 없어."

"조 대리가 할 수 있는 일이 도대체 뭐야?"

"지난번에도 실패했잖아?"

"또 당신이야?"

"당신을 보면 참 한심하단 생각이 들어."

"당신 머리가 그것밖에 안 돼?"

우리는 사회생활을 하면서 아무 거리낌 없이 부정적인 말을 내뱉는 사람들을 종종 볼 수 있다. 하지만 이러한 부정적인 언어는 상대방의 자존심에 상처를 줄 뿐만 아니라 자신의 체면도 구기는 일이다.

말을 시작하기도 전에 이런 부정적 결론을 내리면 본론을 시작하기도 전에 상대방의 감정만 상하게 하여 대화의 목적을 달성할 수 없다. 언어는 잘못 사용하면 괴물이 된다. 그래서 우리는 언어를 잘 다룰 줄 알아야 한다. 한 번 내뱉은 말은 화살과 같아 되돌릴 수도 없다. 오히려 그 화살이 자신에게 비수로 다시 돌아온다는 사실을 망각해서는 안 된다. 물론 잘 다루면 언어는 마술과 같아 새로운 것을 창조하기도 한다.

로사다 박사는 업무를 수행하는 정도를 상위팀, 중간팀, 하위팀 등 세 그룹으로 나누고 그들의 대화내용을 커뮤니케이션 전문가들에게 분석하도록 하였다. 커뮤니케이션 전문가들은 그들이 업무수행 수준별로 나뉘어 있다는 사실을 모른다. 분석 결과 놀라운 결과가 나타났다.

상위 수행팀은 긍정적인 대화와 부정적인 대화의 비율이 6:1, 중간 수행팀은 2:1, 하위 수행팀은 0.4:1로 오히려 긍정적인 대화보다 부정적인 대화의 비율이 높았다. 대화에 있어서 긍정적인 사고가 업무 수행결과에 얼마나 영향을 미치는지를 알 수 있는 중요한 연구결과다.

세상을 살다 보면 부정적인 말을 전혀 사용하지 않고 살 수는 없다. 또한 부정적인 언어를 긍정적인 언어로 쉽게 바꿀 수도 없다. 하지만 긍정적인 말을 하면 세상의 모든 일이 밝고 맑게 보여 내 마음도 깨끗하고 아름다워진다.

"당신, 참 대단한 사람이야!"

"이 과장을 만난 것은 나에게 큰 행운이야."

"당신은 얼마든지 할 수 있어."

"실패는 성공의 어머니야. 힘내! 조 대리."

"당신 아니면 할 사람이 없어."

"박 주임 실력이면 충분해."

"모든 것이 다 당신 덕분이야."

어느 여름날, 소년 정약용은 버드나무 아래에서 책을 읽고 있었다. 때마침 당대의 대학학자인 이서구가 지나가다 그늘에 앉아 열심히 책을 읽는 정약용을 보게 되었다. 얼마 후 그가 다시 그 버드나무 아래를 지나게 되었는데 그날도 역시 정약용은 독서삼매경에 빠져 있었다.

지난번은 무심히 지나쳤으나 또다시 같은 자리에서 책을 읽고 있는 소년을 만난 이서구는 걸음을 멈추고 소년의 곁에 다가섰다. 이서구는 허리를 굽혀 정약용이 읽고 있는 책을 들여다보았다. 그리고 이서구는 깜짝 놀라고 말았다. 정약용이 읽고 있던 책은 〈통감강목〉이라는 중국 남송 주희가 쓴 장편의 역사서였기 때문이다.

"애야, 지금 네가 읽고 있는 책이 〈통감강목〉이 아니냐?"

"네, 그렇습니다."

소년은 서슴없이 대답했다.

"이 책은 선비들이 읽기에도 매우 어려운 책인데 네가 읽는단 말이냐?"

"예, 이제 거의 다 읽었습니다."

이서구는 믿어지지 않아 쌓여 있는 책 한 권을 빼들고 내용을 물었다. 이서구의 물음에 정약용은 거침없이 대답하였다.

"너는 큰 재목이 될 인재다. 너는 꼭 조선의 대학자가 될 것이다."

이서구는 정약용의 머리를 쓰다듬으며 칭찬을 아끼지 않았다. 이후 정약용은 18세기 실학사상을 집대성한 한국 최대의 실학자이자 개혁가가 되었다.

인정해 주는 말, 긍정적인 언어는 누가 들어도 기분 좋게 하는 말이다. 부정적인 말은 누가 들어도 짜증 나게 하는 말이다. 긍정적인 말을 하는 사람은 밝은 태양 아래 사는 사람이고, 부정적인 말을 하는 사람은 어둠 속에 사는 사람이다. 밝음 속에서 세상을 사는 사람과 어둠 속에서 사는 사람의 세상은 전혀 다른 세상이다. 삶의 가치가 전혀 다른 세상을 살아가는 것이다.

부정적인 말은 상대방으로 하여금 '아니요'라는 반응을 불러일으키고, 긍정적인 말은 항상 '네'라는 반응을 불러일으킨다. 당신이 상대방과의 대화에 있어 성과를 내고 싶다면 항상 긍정적인 언어를 사용해라.

"당신이 최고야."

"당신밖에 없어."

"내가 생각하지 못한 것을 당신이 해내다니!"

03
언쟁을
부르지 마라

모 정당에서 일어난 일이다. 재보선의 참패에 따라 당대표의 거취 문제 등으로 당 안팎이 매우 어수선해졌다. 최고대표위원회의를 개최하던 중 한 의원이 자유발언을 통해 자신과 정치적 신념을 달리 하는 최고위원 중 한 명에게 말했다.

"최고위원직을 사퇴한다고 말만 하는 사람이 우리 중에 있습니다."

그 얘기를 들은 당사자는 "나는 지금 이 자리에서 최고위원직을 사퇴합니다. 재보선 참패에 따른 책임을 지고 최고위원 전원이 사퇴해야 합니다"라고 발언하고 당대표의 만류에도 자리를 박차고 나갔다.

공격적인 발언을 한 의원은 SNS 등 여러 매체를 통하여 자신의 마음에 들지 않으면 인신공격도 서슴지 않는 인물로 정평이 나 있다. 공격을 하면 상대도 공격적으로 맞대응한다. 공격적인 대응은 공격을 부른다. 이러한 언쟁은 끝이 없다. 이것은 정치, 경제, 사회, 비즈니스 등 모든 영역에서 발생하는 문제이다.

우리는 종종 대화 중에 언쟁을 하게 된다. 언쟁이 발생하는 이유는 자신의 의견이 상대방의 의견보다 우월하다는 판단에서 비롯된다. 언쟁이 일어나면 상대방을 서로 헐뜯거나 비난하게 된다. 상대방의 의견을 묵살하고 자신의 주장을 굽히지 않는 것은 자기 우월감 때문이다. 어느 한쪽이라도 자신을 낮추면 언쟁은 발생하지 않는다. 언쟁에서 이길수록 자신의 주장이 옳고 상대방의 의견이 그르다는 생각을 하며 자신을 똑똑한 사람이라 여기게 된다.

"A방안이 품질, 납기, 고객 만족도 측면 등에서 최적의 방안이라고 생각합니다."

"아닙니다. 오히려 이런 측면에서는 D방안이 최적입니다."

"무슨 말씀을요. 그러면 D방안이 최적이라는 근거를 제시해 보세요."

"그 답변을 하기 전에 A방안이 최적이라는 근거에 대해 답변해 주셔야 하겠어요."

서로의 의견이 교차점 없이 평행선처럼 달리고 있다. 이런 식으로 대화를 계속하다 보면 사람들은 당신에게 거리를 둘 것이다. 왜 우리는 계속해서는 안 될 행동으로 자신을 깎아내리고 자신의 생각까지 망쳐버리는 논쟁을 계속하는 것일까?

대화를 하다 상대방과 의견이 맞지 않을 때 당신은 어떤 생각을 하는가? 자신도 모르는 사이에 상대방의 '잘못된 점'을 지적하거나 '약점'을 들춰내어 바로잡으려 하는 것은 아닌가? 아니면 상대방의 의견이 내 의견보다 못하다는 생각이 드는가? 만일 그렇다면 당신은 따지기를 좋아하고 언쟁을 즐기는 사람이다. 언쟁을 피하기 위한 방법은 다음과 같다.

첫째, 자신도 완벽한 존재가 아님을 인정하라.

상대방이 나와 다른 의견을 내놓았을 때 절대로 잘못된 점을 먼저 찾으려고 들면 안 된다. 그 대신 상대방을 이해해 보려는 노력을 해야 한다. 나 자신은 완벽한 존재인가? 나는 조금도 잘못된 말과 행동을 하지 않는가? 자신이 완벽한 존재가 아니라는 것을 인정할 때 상대방을 비로소 이해할 수 있다.

둘째, 상대방의 말이 이해되지 않을 때는 질문을 하라.

상대방의 뜻을 이해하지 못해서 언쟁이 발생하는 경우가 있다. 이러한 오해 때문에 발생하는 언쟁을 피하기 위해서는 상대방의 이야기가 이해되지 않을 때 반드시 질문을 통해 그 의견을 확인해야 한다.

"지금 말씀하신 것이 프로토콜의 문제라는 의미이지요?"

"무슨 말씀인지 잘 모르겠는데 다시 한 번 말씀해 주시겠어요?"

셋째, 상대방의 입장을 이해하라.

각자의 입장 차이는 언제나 발생하기 마련이다. 자신의 입장만 주장하고 상대방의 입장을 무시할 때 언쟁이 벌어진다. 따라서 상대방의 현재와 미래의 입장에 대해 이해한다면 차이점에서 발생하는 언쟁은 확연하게 줄어들 것이다.

넷째, 상대에 대한 목표치를 다소 낮춰라.

언쟁은 내가 상대방에게 원하는 기대치와 현실이 차이가 있을 때 발생한다. 차이를 줄이는 방법은 상대에 대한 기대치를 조금 낮추면 가능한 일이다.

우리 집사람은 한때 둘째 아이의 학교 성적문제로 아이에게 화를 내고 언성을 높인 적이 있다. 둘째 아이에 대한 기대치가 높았던 것이다. 그때 내가 아내에게 말한 충고는 둘째에 대한 기대치를 낮추라는 것이었다. 그 이후로 학교 성적과 관련된 충돌은 현저히 줄어들었다.

04
호감은 찰나가 아니라 쌓아가는 것

아무리 능수능란한 말솜씨가 있다고 하더라도 그것만으로는 사람을 움직일 수 없다. 그러나 표현이 조금은 서툴더라도 자기가 좋아하는 사람의 말이라면 있는 그대로 따르게 된다. 이성의 장벽을 뚫으려면 감정의 문을 지나야 가능하다. 사람은 나쁜 감정과 동시에 좋은 감정을 가지고 있다.

"무슨 말인지는 알겠지만, 그 사람에 대한 것이라면 다시 한 번 고려해 봐야겠어."

그래서 의사결정 시 한발 물러서게 된다. 그렇지만 자기가 좋아하는 사람에 대해선 이렇게 한다.

"아 그 사람, 참 성실하고 예의 바른 사람이지. 그 사람 얘기라면 언제든지 환영하네" 하고 간단하게 승낙한다.

전자는 평소 나쁜 감정을 가졌던 상대고, 후자는 평소 좋은 감정을 가졌던 상대다. 사람들은 기본적으로 좋은 감정을 가진 사람의 말에는 귀를 기울이지만, 나쁜 감정을 가진 사람의 말에는 귀를 기울이지 않는 법이다. 상대방을 설득하려면 이성의 장벽을 뚫어야 하지만 이는 감정의 문을 열지 못하는 한 불가능한 일이다.

특히 보고나 설득이 빈번하게 일어나는 직장에서는 평소에 어떤 감정으로 사람들에게 다가섰느냐가 더 중요한 요소가 된다. 서로 바쁘기 때문에 간단하게 보고를 하고 지나치는 경우가 종종 있기 때문이다. 또한 간결하게 보고하는 경우가 많아서 의사전달이 완벽하게 이루어지는 경우가 많지 않다. 이런 점은 평소 사람들과 어떤 인간관계를 형성했느냐에 따라 보완될 수도 악화될 수도 있다.

평소에 좋은 호감을 가진 관계라면 "그래, 아마 다른 일로 바빠서 아직 전달하지 못한 것일 거야" 하고 상대방을 이해해주게 된다. 그러나 나쁜 감정을 가지고 있다면 "그 친구 한두 번이 아니야. 나에게 무슨 악감정이 있는 것 아냐?"라고 치부해 버린다. 그러므로 평소에 좋은 감정을 갖도록 하는 것이 말의 효과를 배가하는 지름길이다. 그러면 어떻게 하면 좋은 감정을 갖도록 할 수 있을까?

첫째, 항상 웃는 얼굴로 상대방을 대한다.

우리 속담에 '웃는 얼굴에 침 못 뱉는다'라는 말이 있다. 웃는 얼굴은 상대방에게 '나는 당신에게 좋은 감정을 가지고 있습니다'라는 의사표시이다. 밝게 이야기하는 태도에는 누구나 호감을 갖게 마련이다.

둘째, 예의를 깍듯하게 지킨다.

특히 직장 내에서는 친한 사이라고 하여 예의를 갖추지 않는 경우가 있다. 하지만 이는 자신에게 큰 손해다. 예의는 상대방을 존중하고 존경한다는 의미다. 후배든 선배든 모든 이에게 예의를 갖추자.

셋째, 항상 긍정적인 언어를 사용하는 습관을 가져라.

불평불만만 일삼는 사람의 말은 무슨 말을 해도 마음을 알아주기도 싫고, 듣기조차 꺼려진다. 단어 하나하나에 긍정적인 메시지가 녹아 있어야 한다. 그래야 사람들은 당신과 대화하고 싶어진다. 실수를 하더라도 그 실수를 눈감아줄 수 있는 아량은 당신의 긍정적인 말에서 만들어진다.

넷째, 상대방을 칭찬하라.

입만 벌리면 제3자에게 상대방을 험담하는 사람이 있다. 나는 이럴 때 눈과 귀를 닫아버린다. 그런 사람은 나를 험담하는 일도 서슴지 않으리라는 생각 때문이다.

제3자에게 어느 장소에서든 칭찬을 아끼지 말아야 한다. 상대는 이런 사람을 신뢰한다. 이런 사람에게 사람들은 호감을 갖는다.

05
상대에게
깊은 관심을 보여라

누구나 각자의 특징과 장점을 가지고 있다. 그 장점을 발견하려면 상대에게 관심이 있어야 한다. 진심으로 대할 때 비로소 상대방의 장점을 알게 되고 서로 좋은 감정을 갖게 된다. 누구나 관심 받고 싶어하기 때문에, 상대가 먼저 관심을 보이면 호감도는 저절로 올라간다. 호감 있는 사람이 되기 위한 구체적인 방법을 알아보자.

첫째, 상대방의 이름을 기억하라.

필자가 군에 처음 입대했을 때 내 이름은 '야' 또는 '박 이병'이었다. 그런데 단 한 사람만이 내 이름을 불러주었다. 군을 제대한 지 30년이 흘렀지만 그분의 이름을 아직도 기억하고 있다. 그분은 신참이든 고참이든 항상 이름을 불러주었다.

대부분의 사람들은 다른 사람의 이름을 기억하는 데 매우 인색하다. 이름을 기억하는 것은 삶에 있어 별로 중요한 것이 아니라는 생각을 한다. 그래서 다른 사람의 이름을 외우지도 않고 한 번 들으면 당연히 잊어버려도 괜찮다고 생각한다.

필자가 30년이 지난 지금도 내 이름을 불러준 그 병장님의 이름을 기억하는 것은, 그 당시 이름이 불렸을 때 필자는 매우 존중받는다는 느낌을 받았기 때문이다. 나는 그때의 그 느낌을 지금도 생생하게 기억하고 있다.

둘째, 상대방의 관심사항을 파악하라.

우리는 자신의 일에 대해 깊은 관심과 노력을 기울이면서 다른 사람들의 관심사항은 소홀히 하는 경우가 있다. 현업에 근무할 때의 일이다. 품질관리경영대상을 취득하기 위해 심사관으로 내정된 어느 교수님을 모시고 품질관리팀장이 저녁식사 대접을 하게 되었다. 그런데 식당에서 제공되는 반찬이 심사관이 좋아하는 반찬들로만 구성되어 있었다. 심지어 겨울에는 찾아볼 수 없는 호박잎 쌈이 준비된 것이 아닌가? 지금이야 사시사철 호박잎을 구할 수 있지만 그 당시만 해도 불가능한 일이었다. 심사관은 깜짝 놀라면서

"아니, 어떻게 제가 좋아하는 반찬으로만 진수성찬을 꾸렸나요?"

품질관리팀장이 답하길

"그동안 교수님과 몇 번 식사를 하면서 교수님이 어느 반찬에 젓가락이 많이 가는지 통계를 내봤습니다. 그래서 젓가락이 많이 가는 반찬으로 식당에 특별히 주문을 했지요."

그해 품질관리경영대상은 필자가 근무하는 회사에서 수여받게 되었다. 나의 관심사항을 나보다 상대방이 더 잘 알고 이해해준다면 얼마나 기분 좋은 일일까? 관심사항을 파악해야만 상대방이 원하는 것을 미리 알고 대응할 수 있다.

셋째, 상대방의 취미를 파악하라.

대화를 하다 보면 자연스레 자신의 취미에 대해 이야기하게 된다. 이때 상대방이 자신의 취미에 관심을 보이면 기분이 좋아진다. 더군다나 취미를 이야기하던 중 상대방과 취미가 같다면 이 세상을 둘만이 함께 공유하는 듯한 마음이 든다. 띄엄띄엄 만나는 오래된 친구보다는 만난 지는 얼마 되지 않았지만, 같은 취미를 가진 사람이라면 더 친근한 마음이 들고 친밀감이 상승하게 된다.

"저의 취미는 목각 인형을 만드는 것입니다."

"그래요? 저와 취미가 같군요. 언제 다시 만나 목각인형에 대해 좀 더 깊은 대화를 나누고 싶군요."

넷째, 감사함을 표현하라.

상대가 나를 칭찬하는 말을 했든 발전적 피드백을 했든 쓰디쓴 말을 했든 "감사합니다"라고 말하라. 어느 날 비록 내가 큰 실수를 하더라도 그는 나를 격려해 줄 것이다.

1941년 드 메스트랄은 개와 함께 사냥을 갔다가 돌아와 자신의 옷과 개의 털에 도꼬마리 가시가 잔뜩 묻어 있는 것을 발견하였다.

털어내려 해도 잘 떨어지지 않는데 호기심이 생긴 그는 현미경으로 관찰하여 도꼬마리 가시의 미세한 갈고리가 올가미 모양의 섬유에 들러붙어 있는 것을 발견하였다. 이에 착안하여 그는 8년간의 연구 끝에 한쪽 면에는 수천 개의 갈고리가, 다른 한쪽 면에는 올가미 형태가 달려 있어 맞붙이면 쉽게 떨어지지 않는 여밈 장치를 개발하였다. 이것이 벨크로, 일명 찍찍이의 탄생배경이다. 메스트랄의 자연에 대한 깊은 관심이 없었다면 벨크로는 탄생하지 못하였을 것이다.

인간관계도 마찬가지다. 상대에 대한 깊은 관심이 있을 때 찍찍이처럼 접착력이 강한 인간관계를 형성할 수 있을 것이다.

세종대왕이
즉위하자마자 한 첫마디

세종대왕이 즉위하자마자 처음 한 말은 무엇일까?

"함께 의논합시다."

정보와 아이디어를 공유할 다양한 소통 채널을 활성화하고, 대신들의 의견을 경청하겠다는 표현이었다.

즉위 초임에 세종이 도승지(현재의 비서실장) 하연(河演)에게 이르기를, "내가 인물을 잘 알지 못하니, 좌의정·우의정과 이조·병조의 당상관(堂上官)과 함께 의논하여 벼슬을 제수하려고 한다" 하였다.

이에 하연이 아뢰기를, "상왕께서 일찍이 경덕궁에서 정승 조준(趙浚) 등과 상서사 제조(尙瑞司提調)와 함께 의논하여, 벼슬을 제수하시었사온데, 이제 전하께서 처음으로 정치를 행하심에 있어, 대신과 함께 의논하옵심은 매우 마땅하옵니다"라고 하였다. 이는 독단의 정치를 하지 않고 의견을 두루 경청하여 나라를 다스리겠다는 세종대왕의 뜻이었다. 세종대왕은 경청의 정치를 통하여 성군이 되었다.

만약 대화를 하고 있는 도중에 상대방이 대화에 집중하지 않고 딴 짓을 하고 있다면 당신의 기분은 어떤가? '이런 못된 인간이 있나?'라는 나쁜 감정이 솟구쳐 오르지 않을까? 사람은 자신의 말을 경청해 주는 사람에게 한없는 호의를 갖게 된다.

내 말을 경청해주지 않는 상대를 만나면 자신도 상대방의 말을 귀담아 듣고 싶지 않은 반발심리가 발동하게 된다. 그것이 인지상정이다. 물론 상대방이 자신의 말을 경청하지 않는다고 똑같은 태도로 상대를 무시해서는 안 되지만 사람의 심리가 그렇다.

사람들은 1분당 250개 정도의 단어를 말할 수 있지만 들을 수 있는 단어의 수는 450~500개 정도다. 이 차이만큼 사람들은 듣는 것보다는 말하려 하는 것이다. 이것이 대부분의 사람들이 경청하는 것보다는 말하고 싶어 하는 이유이다. 사람들은 자기의 주장을 피력하고 싶고 자기를 표현하고 싶어 하는 욕구가 강하다. 그만큼 또 누군가가 자신의 이야기를 들어주기를 바란다.

따라서 자신의 이야기를 잘 경청해주는 사람을 만나면 물 만난 고기처럼 즐거워하는 것이다. 그래서 자신의 이야기를 들어주는 사람에게는 한없는 호의를 갖게 된다.

"참 좋은 시간이었습니다. 언제 시간이 되면 이야기를 더 듣고 싶습니다."

"별 이야기도 아닌데 경청해주셔서 영광입니다."

세일즈맨 중에는 말을 잘해서 영업을 잘하는 사람도 있지만, 다른 사람들의 말을 잘 경청해주어 영업을 잘하는 사람도 있다.

"우리 둘째 아이가 사춘기라 그런지 얼마나 속을 썩이는지 모르겠어요. 요즈음 같아선 살고 싶은 마음도 없어요. (짜증 내는 일이 부쩍 늘었어요.)"

"네, 많이 답답하시겠어요."

"거기다 남편까지 매일 술독에 빠져 있어요. (아이에겐 전혀 관심도 없고요.)"

"네, 많이 화가 나시겠어요."

이렇게 상대방의 감정을 들어 주는 것만으로도 호의를 가질 수 있다. 그러면 경청은 어떻게 하는 것이 좋을까? 상대방이 겉으로 표현하는 말이나 행동뿐만 아니라 그 사람의 감정까지 보듬어 주어야 한다. 경청을 잘하면 여러 가지 이점이 있다.

첫째, 상대의 호감을 산다.

바쁜 중에도 상대방의 말을 기분 나쁜 표정을 짓지 않고 즐거운 마음으로 경청해 주면 동료 이상의 호감을 갖게 해준다. 특히 자신의 개인적 애로사항이나 고민을 적극적으로 경청해주는 사람이 있다면 더할 나위 없이 고마운 일이다.

둘째, 많은 정보를 얻을 수 있다.

경청하는 사람은 삶을 살아가면서 필요한 수많은 정보를 얻을 수 있다.

셋째, 상대방의 속마음을 읽을 수 있다.

적극적으로 경청하는 태도를 가지면 상대의 속내까지 읽을 수 있다.

남자와 여자들의 대화법은 다르다. 여자들은 감정과 과정을 중시한다. 그리고 상대방의 이야기를 잘 들어주고 맞장구를 잘 쳐준다. 이것이 경청을 잘하는 사람의 특성이다.

반면 남자들은 이성적이고, 결과 중심적이다. 남성들이 노후에 가족들로부터 외면받는 이유는 상대방의 이야기를 경청하지 않는 태도 때문이 아닐까? 남성들이여, 여성들로부터 '경청의 마술'을 벤치마킹하라.

07
교양 있는
말투를 사용하라

필자가 신입사원 시절 호랑이처럼 무서운 K사장이 있었다. K사장은 입만 벌리면 입에 담을 수 없는 욕을 하거나 화를 참지 못하여 자신의 안경을 집어던지곤 했다. 많은 사람들이 그를 험담했다. 그런 그가 어느 날 쓸쓸히 퇴장을 했다. 그를 배웅하거나 감사의 말을 하는 사람은 아무도 없었다. 직원들도 함부로 다루던 그 욕쟁이 K사장은 퇴직자 사장단 모임에서도 퇴출되었다.

아름다운 외모에 교양 있어 보이는 사람이 이렇게 말을 한다면?

"저런 싸가지 없는 놈이 있나!"

"야! 이 XX야."

"재수 없네."

아름다운 여성과 대화를 하다가, 그녀의 지성과 교양이 없는 행동을 보고 환멸을 느껴 본 적이 없는가? 고급 양복을 입고 값비싼 시계를 차고 최고급의 승용차를 타고 다니는 사람도 있는데 이들과 대화를 해보면 의외로 기본이 안되어 있는 사람이 있다.

인간의 외모는 아름답게 치장할 수 있지만 인격은 애써 꾸밀 수 없다. 생각에서 말이 나오는 것이니 그런 사람들의 인격은 말투만 보아도 으레 짐작할 수 있다.

인간의 매력은 말에서 나온다. 말에 그 사람과 매력이 담겨 있는 것이다. 대화를 하면 할수록 매력이 넘쳐나는 사람이 있는가 하면 그 정반대의 경우도 있다.

"조 대리는 일 처리가 너무 늦어요."

"김 과장은 업무 역량이 좀 떨어지지 않아요?"

"박 팀장은 사람들을 너무 윽박질러요."

"이 주임은 대화 스킬이 너무 부족한 사람이에요."

이와 같이 입만 벌리면 다른 사람을 험담하는 사람도 매력이 없기는 마찬가지다. 상대방의 단점을 지적할 때는 매우 조심해야 한다.

"김 대리는 업무 역량이 매우 뛰어난 사람입니다. 다만 커뮤니케이션 스킬만 확보하면 과장급 이상의 업무처리 능력을 확보할 수 있을 거예요."

단점을 지적하더라도 상대방을 칭찬하고 치켜세우면서 해야 한다.

- 칭찬하기 – 업무 역량이 매우 뛰어난 사람
- 치켜세우기 – 과장급 이상의 업무처리 능력

직장에서 대화를 나누어 보면 그 사람의 참모습이 금방 드러난다. 교양 없는 말투, 기본에 어긋난 이야기가 자기도 모르게 튀어나오는 사람에게선 외모가 아무리 훌륭하더라도 아무리 몸매가 날씬해도 진정한 '아름다움'을 느낄 수 없다.

성형수술과 화장법으로 자신의 외모만 가꾸고 자신의 마음을 가꾸지 않는 사람은 신뢰할 수 없다. 외모는 꾸밀 수 있지만 말은 치장할 수 없어 그 모습이 금방 드러나게 된다.

교양 있는 사람은 자신이 잘못했을 때 "실례합니다"라고 얘기하지만 그렇지 않은 사람은 잘못한 상황을 무시한다. 평상시에 우아한 생각을 하는 사람은 우아한 말과 행동을 한다. 우아한 생각과 말은 훈련과 자기 통제를 통해 가능하다.

A: 누가 팀장님을 찾아와서 보자고 하는데 어떻게 할까요?
B: 어느 분이 팀장님을 찾아 오셔서 뵙자고 하시는데 어떻게 하면 좋겠습니까?

A와 B 중 누가 더 교양 있고 품격 있어 보이는가? 단어 하나를 다르게 선택했는데 느낌은 완전히 다르다. 보기 좋은 떡이 먹기도 좋다고 한다. 교양 있는 말이나 행동은 그 사람을 명품으로 만들어준다.

후배를
코칭하라

미켈란젤로는 13세 때 당시 피렌체의 뛰어난 화가인 도메니코 기를란다요의 제자가 되어 도제수업을 받는다. 천재성은 일찍 발견되었다. 스승도 그의 재능을 질투할 정도였다. 1년 정도 스승 밑에서 배우다가 그림에 싫증을 내고, 좀 더 '영웅적인 작업'이라고 생각한 조각을 배우기 위해 피렌체 메디치 가문의 로렌초 데 메디치가 운영하는 조각 학교에 입학한다.

예술가들의 후원으로도 유명한 메디치가의 로렌초 공은 미켈란젤로를 눈여겨보았고, 그의 배려로 피렌체의 뛰어난 학자와 미술 수집품을 보고 배우면서 성장했다. 로렌초라는 코치가 없었다면 위대한 예술가 미켈란젤로가 탄생할 수 있었을까? 르네상스는 최고의 코칭 제도인 도제시스템을 통해 탄생했다.

간혹 후배가 자신을 밟고 올라설까봐 이상한 방향으로 피드백을 해주거나, 무조건 무시하는 경우도 있는데 이것은 혼자만 살 수 있는 방법이 아니라 다 같이 죽는 방법이다. 후배와의 확실한 커뮤니케이션은 후배를 코칭하는 과정에서 이루어진다. 코칭이란 클라이언트의 업무수행을 최고로 만들어주는 과정이다. 즉 클라이언트(후배)의 자주적 문제해결을 도와주는 작업이다. 코칭 프로세스는 다음과 같다.

1. Check
코칭을 시작하기 전에 클라이언트의 실적이나 근무태도 등을 확인하고 효과적인 코칭을 준비하는 단계
【요점】
1. 클라이언트에 대해서 객관적으로 판단해야 한다.
2. 클라이언트의 실적, 능력, 사기 등을 구분해서 보아야 한다.

2. Open Mind
클라이언트와 친밀감, 신뢰감이 형성이 되고 터놓고 이야기할 수 있는 분위기를 조성하는 단계
【요점】
1. 클라이언트가 자발적으로 자신의 이야기를 서술하도록 한다.
2. 코치와 클라이언트 간에 협력적인 분위기가 조성이 되고, 클라이언트는 코치가 자기 입장에서 자기 심정을 알아준다고 믿게 된다.

3. Ask

효과적인 질문을 통해서 클라이언트 스스로 자신이 처한 상황을 인식하는 단계

【요점】

1. 클라이언트가 자발적으로 자신의 문제 상황을 서술하도록 한다.

2. 코치와 클라이언트 간에는 문제 인식의 차이가 있으니, 클라이언트의 관점에서 문제를 이해하고자 노력한다.

4. Commitment

코치의 지식과 경험을 바탕으로 클라이언트가 제시한 해결안이 가져올 긍정적인 측면과 부정적인 측면을 동시에 생각하게 해서 새로운 관점에서 의사결정을 내리게 하는 단계

【요점】

1. 클라이언트가 제시한 해결안에 대해 자신의 경험을 토대로 진솔하게 피드백한다.

2.구체적이고 실제적인 예를 들어 설명한다.

3. 클라이언트의 해결안에 대해 평가적이고 단정적인 용어를 사용하지 않는다.

4. 코치는 객관적인 자세를 유지하며 스스로 해결책을 내지 않도록 노력한다.

5. 코치의 생각을 강요하지 않도록 특히 주의하며, 쌍방 의사소통을 통해 해결안이 가지고 있는 잠재 위험요인과 문제 발생 시의 심각성을 구체적으로 예견한다.

5. Helping

최종 의사결정에 앞서 다양한 대안을 모색하고 장단점을 검토하고 구체적인 실행 계획을 세운 뒤, 강한 자신감을 갖게 하고 실행의 의지를 굳히도록 돕는 단계

【요점】

1. 충고나 해결 방안의 제시보다는 클라이언트 스스로 의사결정을 하게 한다.

2. 각 대안의 장점과 단점을 함께 고민한다.

3. 의사결정에 필요한 기준을 선정하고, 각 대안을 기준에 따라 평가하게 한다.

4. 우선순위에 따라 최적안을 결정하게 하고, 바람직한 의사결정을 하면 지지한다.

코칭은 코치 자신의 전문역량을 향상시킴과 동시에, 클라이언트의 문제 해결을 도와주고 이 과정에서 후배와 자연스럽게 커뮤니케이션도 이루어진다. 또한 코칭은 말이 아니라 코치의 행동에 의해 이루어진다는 것을 명심해야 한다. 클라이언트의 역할모델이 되어야 한다.

09
지루한 사람을
어떻게 물리치는 것이 좋을까?

지금 한 남자와 대화를 나누고 있다. 메가투족 남성과 이글루부족 사이의 이루어질 수 없는 사랑과 전쟁에 관한 SF시리즈물이다. 종족을 위해 사랑을 버려야만 했던 남녀의 비극적 이야기란다.

이야기가 너무 지루해 얼마 전 1000만 관객을 동원한 기록이 있는 유명한 영화에 대해 언급해 봤지만 일언지하에 묵살당했다. 자신이 영화의 주인공처럼 떠들어댄다. 심지어 자신의 꿈이 공상영화 감독이라는 얘기도 거리낌 없이 한다. 이쯤 되면 자리를 박차고 일어나고 싶은 심정이 굴뚝같지만 그렇게 할 수는 없다. 이처럼 지루한 대화는 머릿속에서 금방 잊혀지지도 않는다.

"어느 날 메가투족은 인구가 늘어나고 자원이 고갈되면서 다른 행성을 지배하지 않으면 살아갈 수 없는 환경이 되었어. 그래서 천연자원이 풍부하고 약소국인 이글루족을 침략하지 않으면 안 되는 상황이 되었지. 불시에 침략을 당한 이글루족은 간신히 적을 방어했지만 공주를 비롯한 몇 명의 왕족이 볼모로 잡히게 되었지. 메가투족의 적 장인 센다이가 전투 중 부상을 입은 공주를 극진하게 간호해 주었지. 여기에서 영화는 본격적으로 시작이 돼."

"저……."

"그리고 양국 간에는 자원을 미끼로 공주를 돌려보내주게 되지. 공 주는 환국 후에 자신을 극진히 보살펴준 적장에 대한 사랑의 마음이 싹트기 시작해."

"저……."

이처럼 대화 중에 끼어들기도 어려운 지루한 대화에는 여러 종류 가 있다. 자신이 좋아하는 것에 대한 예찬을 멈추지 않고 늘어놓은 스타일, 자신의 정치적 견해를 상대방의 정치적 스타일을 고려하지 않고 열정적으로 늘어놓는 스타일, 자신의 인생철학에 대해 주저리 주저리 떠드는 스타일 등. 마치 자신의 인생만이 본받을 만한 가치가 있는 것처럼 떠벌리는 사람이다.

자신의 아들과 딸이 얼마나 똑똑한지 자랑을 늘어 놓는 사람들도 있다.

"이 분야에선 나를 따라올 사람이 없어요."

"여자들에게 인기 최고였어요."

"다들 우리 애들을 칭찬하더군요."

"우리 아이들이 나를 닮았나 봐요. 무척 영리해요."

"K대를 수석으로 들어간 수제예요."

어느 것 하나 지루하지 않은 이야기가 없다.

만약 당신이 상대방의 이야기가 너무 지루해서 자리를 박차고 일어나고 싶은 심정이라면 다음과 같은 방법을 활용한다. 바로 '끼어들기 기법'이다. 그러면 언제 끼어들면 좋을까?

- 상대방이 잠시 호흡을 가다듬을 때
- 말 한마디를 마쳤을 때
- 다른 주제로 넘어갈 때
- 화장실 다녀왔을 때
- 전화를 할 때

만약 상대방이 '끼어들기 기법'을 구사해도 계속해서 대화를 이어간다면 또다시 끼어들어 "잠깐만요. 하나만 더 얘기할게요", "제 얘기 좀 듣고 말씀하시죠?", "질문 있어요" 등의 말로 방해를 한다.

지루한 사람과 대화를 할 때는 당신이 대화를 주도해야 한다. 그렇지 못하면 지루한 대화를 계속 들어야 하는 인내심을 길러야 될 것이다. 상대방이 잠시 호흡을 가다듬을 때 끼어들어 당신이 대화의 주도권을 가져왔다면 대화의 주도권을 다시 상대방에게 넘겨서는 안 된다는 점이다.

그리고 질문은 '예'나 '아니요'로만 대답할 수 있는 폐쇄형 질문을 해야 한다. 개방형 질문을 하면 주도권이 상대방에게 넘어갈 가능성이 높다.

"제가 대학을 졸업할 때 졸업생 대표를 하였고……."

"(또 시작이군.) 졸업생 대표가 어려운가요?"

"아니요."

"그러면 누구나 일정 역량만 있으면 대표가 될 수 있겠네요?"

"네."

이렇게 끼어들기 전략을 통해 대화의 주도권을 단박에 확보할 수 있다.

你好。

제4장

보지 않는 놈,
듣지 않는 놈,
말하지 않는 놈을 이겨라

01
상대방의 손익감정에 호소하라

'대한민국 군 베트남전(월남전) 참전'은 1964년 9월 11일 1차 파병을 시작으로, 1966년 4월까지 4차에 걸친 박정희 정부하에서 베트남 전쟁에 대한민국군을 파병한 사건을 말한다. 한국의 파병 제안과 월남정부 및 미국의 요청에 따라 행해진 대한민국 최초의 국군 해외 파병이다. 한국이 공산 침략을 경험한 국가로서 아시아 지역의 안보와 자유 수호를 위한다는 명분이었다. 그러나 그 이면에는 경제 차관을 지원해 주겠다는 약속이 있었기에 윤보선, 장준하 등 야당인사들의 강력한 반대를 무릅쓰고 파병을 한 것이다. 미국이 한국의 손익감정을 활용하여 파병을 요청하였던 것이다.

어느 날 신용이 없다고 평판이 자자한 친구 A가 B에게 돈을 빌리러 찾아왔다. B는 A에게 변제능력이 없음을 알고도 선뜻 돈을 빌려준다. 그러면 B는 A에게 돈을 왜 빌려준 것일까? A가 빚을 갚을 능력이 전혀 없는 데도 말이다. 겉으로 보기엔 B가 A에게 일방적으로 자선을 베푼 것이라고 생각할 수 있다. 그러나 전혀 그렇지 않다. B도 얻은 것이 많다. 돈을 빌려줌으로써 '돈보다 사람을 먼저 챙기는 사람'이라는 평판을 얻은 것이다. 결코 공짜가 아니다.

설득의 사전적 의미는 상대방을 내가 의도한 대로 의사결정을 하도록 하는 일련의 과정이다. 한마디로 요약하면 설득이란 '교환'이다. 교환에는 물질적 교환도 있지만 비물질적 교환도 있다. 화폐와 물건, 물건과 물건, 화폐와 자긍심 등 교환은 매우 다양한 형태로 이루어진다. 교환은 거래의 한 종류이다. 따라서 설득이란 일종의 거래라고도 할 수 있다. 무엇인가 상대방에게 제공하지 않으면 설득할 수 없다.

고객에게 노트북을 판매한다고 가정해보자. 고객을 설득하려면 고객이 지불한 비용 이상의 가치를 고객이 느끼도록 해야 한다. 고객이 느끼는 가치에는, 노트북 고유의 성능뿐만 아니라 판매자의 서비스도 포함되어 있다. 영업사원은 판매하고자 하는 노트북의 성능이나 품질 등에 대하여 고객이 납득할 수 있는 수준의 설명을 해야 한다. 또한 판매자는 프로의 이미지가 있어야 하고 신뢰감을 줄 수 있어야 하며, 고객에게 친절해야 한다. 고객들은 비용을 지불한 것 이상의 그 무엇을 제공받아야만 제품을 구매하게 된다. 고객에게 어떤 유익도 제공하지 않으면 설득할 수 없다.

특히 손익에 민감한 고객에게는 고객이 받을 수 있는 가치나 유익에 대하여 구체적으로 설명해야만 한다. 이는 동료를 설득하는 데도 마찬가지다. A프로젝트에 Micro-Processor 개발 능력이 뛰어난 김 대리를 참여시켜야만 하는 이슈가 있다. 어떻게 A프로젝트에 김 대리를 참여시킬 것인가? 이것도 거래다. 주는 것이 있어야 받을 수 있다.

> 나: 김 대리! A프로젝트를 당신과 함께하고 싶습니다.
>
> 김 대리: 바빠서 참여하기 어렵습니다.
>
> 나: 바쁜 것은 알고 있지만 이 프로젝트의 성공을 위해선 김 대리의 도움이 절실합니다.
>
> 김 대리: 요즘 같아선 몸이 두 개라도 어떻게 할 수 없습니다.
>
> 나: 김 대리의 사정을 충분히 알고 있습니다. 그러나 이번 프로젝트는 우리 사업부의 미래가 걸릴 만큼 중요한 프로젝트로 사장님께서 각별한 관심을 두고 계십니다. 특별히 사장님께서 프로젝트만 성공하면 참여한 멤버 전원에게 이익률의 5%를 포상하시겠다는 약속도 있었습니다. 다시 한 번 부탁합니다. 김 대리! 꼭 함께해야 프로젝트를 성공시킬 수 있습니다.
>
> 김 대리: 생각해 보겠습니다.

이런 설득을 손익감정에 호소한 교환이라고 말한다. 손익감정이란 손익계산과는 다르다. 손익계산은 단순히 숫자만 계산하는 냉정한 과정이지만, 손익감정은 손익계산뿐만 아니라 마음의 작용도 포함되는 것을 말한다. 손익감정에 호소하는 방법은 특히 손익에 민감한 사람들을 설득하는데 매우 효과적인 방법이다.

02
말할 때도
서론, 본론, 결론이 필요하다

　'세상에서 가장 똑똑한 사람'이라는 평판을 듣는 사람도 말을 하기 전에는 고민을 한다. 왜냐하면 말은 한번 내뱉으면 주워 담을 수 없기 때문이다. 말을 하기 전에 미리 계획하지 않으면 말실수를 하게 되고 실수를 하게 되면 되돌릴 수 없는 결과를 얻게 된다. 유식하다고 말을 능수능란하게 할 수 있는 것은 아니다.

　말실수를 하면 자신의 감정계좌에서 돈이 빠져나가게 된다. 말을 하기 전에 주제는 무엇으로 하고, 상대방에게 관심을 어떻게 끌게 할 것인지, 설득의 목표는 어떻게 하고 마무리 말은 어떻게 할 것인지 등을 계획해야 한다. 그렇게 하지 않으면 두서없이 말하게 되고 결론을 이끌어낼 수 없다.

　또한, 내가 한 말이 상대방에게 어떤 영향을 미칠지에 대해 염두에 두고, 사용하는 단어도 상대방의 눈높이에 맞게 적절한지 판단하면서 말해야 한다. 자기 주관대로 말하는 것은 좋은 대화 습관이 아니다.

말할 만한 가치가 있는지 없는지 말할 필요가 있는지 없는지 미리 생각해야 한다. 말을 하는 것은 일을 하는 것과 같다. 일도 미리 계획하지 않고 실행하게 되면 실수가 많아지고 좋은 성과로 연결되기 어렵다.

말을 할 때 서론, 본론, 결론으로 나누면 말하는 이와 듣는 이 모두 편하다. 서론은 대화의 주제를 설정하고 무슨 이야기를 할 것인지 대화의 개략적인 내용을 전달하는 부분이고, 본론은 주제의 핵심을 이야기하는 부분이다. 결론은 앞에서 한 이야기 내용을 종합하고 정리해서 이야기의 결말을 짓는 부분이다. 이 3단 논법을 잘 활용해야만 말하고자 하는 모든 말을 상대방에게 전달하고 대화의 매듭을 잘 지을 수 있다.

Attention(서론)

- 대화의 주제를 말한다.

  예) 연구개발 프로젝트 진행 현황을 말씀드리겠습니다.

- **주의를 집중시킨다.**

  예) 이번 연구개발과 관련, 획기적인 해결방안을 찾았습니다.

- 요점을 말한다.

  예) 획기적인 해결방안이란?

첫째, 마이크로프로세서 기술을 적용하는 것이고,

둘째, 연구 프로젝트에 PM시스템을 적용하는 것입니다.

Body(본론)

- 근거 1을 말한다.

　예) 첫 번째 이유는 고객이 ~을 원하고 있기 때문입니다. 통계를 보면 그

것이 잘 드러나 있습니다. 사례를 보면 더욱 잘 알 수 있습니다.

- 근거 2를 말한다.

　예) 두 번째 이유는 ~의 원료는 10년 후에 바닥날 것이기 때문입니다.

~에 이러한 정보가 있습니다.

~도 이런 말을 하였습니다.

- 근거 3을 말한다.

　예) 그런데도 우리는 그동안 아무런 대책을 준비하지 않았습니다.

~를 보면 잘 알 수 있습니다.

~을 보면 그 심각성을 명확히 알 수 있을 것입니다.

Closing(결론)

- 요약한다.

　예) 지금까지 말씀드린 것을 요약하면 ~, ~, ~입니다.

- 핵심내용을 강조한다.

　예) 특히 ~은 매우 중요한 문제이므로 전사적인 차원의 지원이 필요합니다.

- 인상 깊게 마무리한다.

예) 이 방안대로 실행된다면 시장점유율 35%까지 확실하게 끌어올릴 수 있습니다. 반드시 실현될 수 있도록 결정하여 주시기 바라고, 제게 이 프로젝트를 맡겨주시면 꼭 성공하도록 하겠습니다.

이를 다시 요약하여 말하면 서론 부분에서 결과나 목표를 언급하고, 본론에서는 이를 증명하는 사례나 근거를 말하고, 결론 부분에서는 정리, 마무리하는 프로세스로 전개해야 한다.

온몸을 다해
말하라

UCLA 교수 알버트 메라비안은 커뮤니케이션에 있어 말의 비중이 7%, 목소리가 38% 그리고 나머지 55%는 신체적 반응에 의해 이루어진다고 연구결과를 발표했다. 그러면 프롤로그에서 언급한 의사소통률 36%를 100%로 늘리려면 어떻게 하면 좋을까?

'말이 너무 빠르거나 느리다. 목소리의 크기가 작다, 어미가 불분명하다, 목소리가 탁하다'라는 소리를 자주 듣는 사람은 상대방에게 답답한 사람이라는 인상을 주고 열정이 없는 사람이라는 평판을 들을 수 있다. 이와 같이 목소리가 작고 발음이 부정확한 사람은 다음과 같은 훈련을 해야 한다.

- 바른 자세를 갖는다.
- 배에서 목소리를 낸다.

- 트인 목소리로 힘차고 활기차게 말한다.
- 발음의 정확도를 향상하기 위한 훈련을 한다.

  예) 1. 앞집 창살 쌍창살 뒷집 창살 쌍창살 앞집 창살 뒷집 창살 모두가 쌍창살이다.

  2. 저기 저 말뚝이 말 맬 말뚝인지 말 못 맬 말뚝인지 말이 없으니 말 주인은 말 없이 서서 말을 못 매고 있구나.

- 거울을 보면서 자신의 입모양이 정확한지 살펴본다.

발음 연습도 스포츠와 마찬가지로 피나는 노력과 연습이 필요하다. 힘차고 활기차게 말하면 의사소통에 탄력이 붙고 대화 도중에 막히는 일이 없다. 평상시에 정확하게 말하고 힘차게 말하는 연습을 끊임없이 하도록 하자.

또한 자신의 말이 잘 전달되지 않을 때는 제스처를 사용한다. 제스처는 제2의 언어라고 한다. 메리비안의 법칙에서도 몸짓언어 즉 제스처의 효과가 55%라고 하였다. 이를 잘 활용하는 것이다.

제스처를 잘 활용하려면 상대방이 잘 볼 수 있어야 한다. 즉, 상대방의 눈높이에 맞추어야 한다. 상대방의 눈을 바라보면서 '준비단계, 실행단계, 복귀단계'로 구분하여 실시해야 한다. 제스처는 말의 내용을 더욱 정확하게 전달할 뿐만 아니라 메시지를 분명하게 전달해 주는 효과가 있다.

"어제 만난 김 과장은 175cm의 키에 날씬하고, 계란형 얼굴에 미모가 뛰어난 사람이었어요."

이렇게 말로만 하면 대화에 탄력이 붙지 않는다. 175cm를 말하면서 손을 높이 치켜들고, 아름다운 모습을 말할 때는 계란모양의 타원형을 그리면서 이야기한다. 제스처는 너무 과장되지 않고 이야기 내용에 걸맞아야 한다.

아이돌 가수가 아무런 제스처도 없이 뻣뻣하게 서서 노래만 부른다면 무슨 감흥이 있겠는가? 배우가 어떤 표정의 변화도 없이 연기를 한다면 시청자들이 감동하겠는가? 열정을 다해 말해야 한다. 말을 할 때는 당신의 감정, 몸과 마음에 온 열정을 담아 상대방에게 메시지를 보내야 한다.

필자가 현업에 있을 때 초빙한 강사 한 분이 있었다. 이분은 욕으로 강의를 시작해 욕으로 강의를 끝냈다.

"직원들 관리하는 것 있잖아요? 그거 그렇게 어렵지 않아요. 중간중간 사무실 한 바퀴 돌다 보면 알아요. 책상 위에 스케줄이 잘 작성되어 일정을 스스로 관리하는 친구들은 그냥 그대로 놔두면 되요. 일 잘하는 놈들이에요. 근데 책상만 지저분한 놈들이 있어요. 한마디로 이런 놈들은 또라이에요. 빨리 퇴출시켜야 해요. 이런 놈들을 일명 '멍부'라고 하죠. 멍청하고 부지런한 놈들요. 주위에 이런 놈들 꼭 한두 놈 있어요. 없어요? 있지요? 참 답답하시죠?"

이 강사는 3개월 전에 강의 예약을 해야 되는 인기강사다. 욕쟁이 강사지만 열정으로 똘똘 뭉쳐 온몸으로 강의를 하기 때문이다.

스티브 잡스는 아이폰에 대한 프레젠테이션을 할 때 온 힘을 다하여 청중들에게 자신의 제품을 설명했다. 삼성과 애플의 스마트폰의 성능과 기능은 별반 차이가 없다. 차이가 있다면 CEO의 열정적인 자세이다. 소비자들은 아이폰의 성능, 기능, 품질을 구매한 것일까? 아니다. 고객들은 스티브 잡스의 열정이 녹아 있는 아이폰을 구매한 것이다. 상대를 감동시키려면 당신의 말 속에 열정이 녹아 있어야 한다.

04
논리적 사고와
가치귀착

　논리적 사고는 상대방을 설득하는데 중요하다. 특히 상대방이 논리적인 사고를 하는 신중형의 경우는 더욱 중요하다. 논리적 사고란 앞뒤 순서를 잘 배열하여 이치에 맞도록 사물을 이해하는 인식의 과정이다.

　'이순신 장군' 하면 떠오르는 것이 무엇일까? 한산대첩과 노량해전 등에서 23전 23승을 거둔 역사적인 위인임과 동시에 〈난중일기〉의 저자다. 이순신 장군이 〈난중일기〉를 쓰면서 논리적인 사고를 끊임없이 증진한 것이 승전의 큰 요소가 아닐까? 학익진 등 전략전술은 논리적 사고의 결과로 탄생한 것이다. 그러면 이러한 논리적 사고는 어떻게 증진시킬 수 있을까?

첫째, 글쓰기를 많이 한다.

　대학교수, 연구원, 정치가를 떠올리면 이들의 공통점을 발견할 수 있는데 바로 글을 잘 쓴다는 것이다. 대학입시의 중요한 수단 중의 하나가 논술시험인데, 학원생들에게 학원에서는 반복해서 주제를 제시하고 지속적으로 글쓰기 연습을 시킨다. 이를 통해 논리적 사고가 증진되는 것이다.

둘째, 마인드맵을 그려 본다.

　마인드맵이란 마음속에 지도를 그리듯이 줄거리를 이해하고 정리하는 방법이다. 핵심 단어를 중심으로 거미줄처럼 사고가 파생되고 확장되어 가는 과정을 확인하고, 자신이 이미 알고 있는 것을 동시에 검토하고 나열할 수 있는 일종의 시각화된 브레인스토밍 방법이다.

(출처: 한국에듀멘토)

마인드맵은 두뇌와 학습, 사고 기술에 관한 세계적인 권위자 토니 부잔이 1960년대 브리티시 컬럼비아대 대학원을 다닐 때 두뇌의 특성을 고려해 만들어냈다. 그는 그림과 상징물을 활용해 배우는 것이 훨씬 더 효과적이라는 생각이 들어 '마인드맵'을 고안해냈다고 한다.

셋째, Logic Tree를 많이 작성해 본다.

Logic Tree란 논리적 사고 증진과 효과적인 분석을 위해 주요 항목을 Tree 형태로 나열한 도구(Skill)이다. Logic Tree는 'MECE 원칙' 즉 수집된 각각의 정보는 '누락되지 않고(Collectively Exhaustive) 중복되지도 않아야(Mutually Exclusive) 한다'는 원칙하에 작성해야 한다. Logic Tree는 사용 목적에 따라 Why Tree, How Tree, What Tree 등이 있다.

종류	구조	목적
Why Tree	문제 — 원인 — 원인 / 원인, 원인	문제에 대한 원인을 도출하고 분석함
How Tree	원인/과제 — 해결안 — 해결안 / 해결안, 해결안	과제 해결이나 원인을 제거하기 위한 해결안을 도출함
What Tree	큰 요소 — 중간 요소 — 작은 요소 / 작은 요소, 작은 요소	어떤 요소를 분해하여 그 요소의 구성내용을 파악해 봄
Straregy Tree	큰 전략 — 작은 전략 — 실천 / 실천, 작은 전략	자사의 전략을 개별전략 실행계획까지 세분화시킴

종류	구조			목적
Concept Tree	주요 콘셉트	보조 콘셉트 · 보조 콘셉트	보조 콘셉트 · 보조 콘셉트	주요 콘셉트를 보조 콘셉트로 분해
Action Tree	큰 방안	작은 방안 · 작은 방안	실천 · 실천	해결과제를 실행하기 위한 계획을 수립
Solution Tree	큰 해결안	작은 해결안 · 작은 해결안	작은 해결안 · 작은 해결안	해결안을 실행이 용이하도록 더 작은 과제로 세분화
Technology Tree	핵심기술	기술 카테고리 · 기술 카테고리	각 기술 · 각 기술	기술 카테고리를 분류하여 세부 기술을 도출함
Task Tree	기본 전략	개별 전략 · 개별 전략	과업 · 과업	기본전략을 실현하기 위해 무엇을 해야 할 것인지 그 과제를 구체적으로 표현

직장 내에서 성공하는 사람들의 특징을 살펴보면 하나같이 말을 잘한다. 다른 말로 표현하자면 이들은 한결같이 논리적이다. 말을 잘한다는 것은 자신의 감정, 욕구 등을 논리적으로 잘 표현한다는 의미이다.

그러면 가정 내에서는 누가 이길까? 여자가 이긴다. 여자가 좀 더 논리적이기 때문이다.

필자도 부부싸움을 하면 백전백패이다. 논리는 시간과 관련되어 있다. 논리란 앞뒤 순서를 잘 배열하는 사고과정이다.

아내: 여보!

나: 왜?

아내: 당신 2008년 3월에도 거짓말하고, 2009년 9월에도 똑같은 거짓말하고, 어제도 똑같은 거짓말했잖아요? 잘했어요? 잘못했어요?

나: ……(할 말이 없음! 왜? 기억나지 않으니까.)

남자들은 부부싸움을 하면 홧김에 현관문 박차고 나가 맥주 두어 캔 마시고 들어온다. 그것으로 끝이다. 이런 상황을 시간이 흐르면 깡 그리 잃어버린다. 하지만 여자들은 다르다. 논리적이어서 시간에 대 한 감각기능이 뛰어나 잊어버리지 않는다. 이런 여자를 이기는 방법 은 논리적 훈련을 받는 것 뿐이다.

그런데 굳이 아내를 이길 필요가 있겠는가? 비지니스가 일어나는 현장이 아니면 논리적일 필요는 없다. 논리는 짱구를 굴려야 하는 일 이기 때문이다. 굳이 집에서까지?

어느 날 아침, 워싱턴 D.C의 랑팡프라자 지하철역에서 평범하게 생긴 한 남자가 청바지 차림에 야구모자를 쓰고 350만 달러짜리 스 트라디바리우스 바이올린으로 연주하기 꽤 어려운 곡을 연주하고 있 었다. 그는 현존하는 최고의 바이올리니스트인 조슈아 벨로 내로라 하는 공연장에서 매회 전석 매진으로 기록을 경신하는 당대 최고의 연주자였다. 40여 분간 지하철역에서 콘서트는 계속되었지만 카메라

플래시는 터지지 않았고 박수를 치는 이도 없었다. 그날 아침 그곳을 지나간 수많은 사람들 중 걸음을 멈추고 그의 연주를 감상한 사람은 몇 명에 지나지 않았다. 연주가 범상치 않은 연주였지만 사람들은 스스로 인지한 가치(청바지, 야구모자, 지하철)만으로 당대의 가장 뛰어난 거장의 연주를 그냥 길거리 음악 정도로 치부해버린 것이다.

이와 같은 사례가 대표적인 '가치귀착(Value Attribution)'이다. 가치귀착이란, 객관적인 데이터나 논리보다는 지각된 가치를 바탕으로 사람이나 사물을 판단하려는 인간의 성향을 말한다. 만일 데이트 상대를 선택하는데 아름답고 날씬한 배우와 이와 정반대인 사람이 있다고 가정하고, 이 두 사람 중 하나를 선택하라면 누구를 선택하겠는가? 바보가 아닌 이상 십중팔구는 '전자'를 선택하였을 것이다.

이와 마찬가지로 가치귀착은 물건뿐만 아니라 사람들에 대한 우리들의 인식에도 큰 영향을 준다. 그래서 우리는 멋있어 보이는, 아름다워 보이는, 권위 있어 보이는 사람을 맹목적으로 따르고, 그렇지 않은 사람이나 물건에 대하여는 무조건적으로 무시하는 경향이 있다. 상대를 설득하는 데는 논리뿐만 아니라 가치귀착도 중요하다는 사실을 명심해야 한다.

05
근거 없이
상대를 판단하지 마라

　첫인상만 보고 저 사람은 '이럴 것이다' 또는 '저럴 것이다'라고 미리 판단해 버리는 태도를 버려야 한다. 이것은 고정관념이다. 긍정적이든 부정적으로 규정 짓든 대화에 있어 좋은 습관이 아니다. 있는 그대로 바라보는 시각이 필요하다. 개인적인 감정이나 편견에 빠지지 않고 상대를 대하는 태도가 필요하다.

　얼마 전 필자는 아내와 둘이 중국 계림 패키지여행을 다녀왔다. "허벌나게 사람들이 많구먼, 형씨는 몇 살이나 됐어? 고향은 어디여? 난 광주."

　함께 단체여행을 가게 된 70대 중반의 아저씨가 나에게 내뱉은 첫마디였다.

　나는 속으로 '이런 재수' 하면서 멍하니 그 아저씨를 바라만 보고 있었다. 이번 여행은 완전히 망쳤구나 하고 생각을 했다. 그런데 여행이 본격적으로 진행된 2일차에 나의 그런 선입견은 완전히 날아가 버렸다. 가장 일찍 버스를 탔고, 가이드의 애로사항을 귀담아 듣고 격려하며 팁도 두둑히 건네주는 것이었다. 또한 정치, 경제, 역사 등 해박한 지식을 두루 갖춘 현인이었다. 상대에 대한 편견을 일격에 깨뜨린 작은 사건이었다.

우리는 고정관념에 사로잡혀 있다. 깡마른 사람은 체력이 약하고, 뚱뚱한 사람은 속도가 느리고 식견이 부족할 것이라는 고정관념을 가지고 있다. 예쁜 사람을 보면 말도 잘하고 성격도 좋을 것이란 편견을 가지고 있고, 반대의 사람을 보면 영리하지 못하고 일도 못할 것이란 고정관념을 가지고 있다. 어린아이는 근심 걱정이 없고, 연로한 사람은 생각도 느릴 것이란 편견이 있다.

영리하지 못한다든가 일을 잘하지 못할 것이라는 선입견을 가지면 그 사람과 대화를 할 때 충분히 주의를 기울이지 않게 된다. 나아가 상대방의 이야기를 들을 필요가 없다고 생각하게 된다. 편견을 극복하라. 시간이 흐르고 환경이 바뀌면 사람은 변하게 마련이다.

특히 근거도 없이 상대를 함부로 판단해서는 안 된다.

"당신이 뭘 안다고?"

"당신이 아는 게 도대체 뭐야?"

"뭘 모르시는군."

확실한 근거도 없이 상대방이 아무것도 모른다고 예단하는 사람을 주위에서 종종 볼 수 있다. 이런 말을 하더라도 "이것은 이러해서 이렇고, 저것은 저러해서 당신에게 말하는 거야"라고 친절하게 설명해 주는 사람이라면 그나마 낫다. 무례한 말이긴 하지만 평소에 서로 교감이 이루어지는 사이라면 어느 정도 이해할 수 있다.

문제는 근거와 이유도 없이 혼잣말로 "뭘 모르시는군" 하고 중얼 거리며 사라지는 사람이다. 나머지는 알아서 모르는 이유를 생각하 고 반성하라는 뜻이다. 도대체 무엇을 모른다는 말인가? 그 말을 들 은 사람은 어찌할 바를 모르고 안절부절못하게 된다.

모른다는 의미는 무엇일까? 무엇을 모른다는 것인지 이야기라도 해준다면 개선할 수 있는 일이 아닌가? 이렇게 말을 한 사람은 확실 한 답을 가지고 있는데 상대방이 이해를 못하거나 답을 알지 못한다 는 뜻인가? 단순히 상대방이 말귀를 알아듣지 못하여 답답하다는 뜻 인가?

자신은 답을 알고 있지만 상대방에게 답을 가르쳐 주지 않겠다는 불손한 생각, 상대방을 골탕 먹이려는 불손한 태도는 이해력이 부족 한 상대에게는 극한 처벌이다. 이러한 사람은 속으로 상대방이 스스 로 무지함을 깨닫고 여기에 굴복하여 "죄송한데 부디 정답을 알려주 십시오. 항상 잘 가르쳐 주셔서 감사합니다"라고 말하길 기다린다.

그런데 이런 사람의 내면에 들어가 보면 실상은 자신도 마땅한 답 이 없다. 정답을 알고 있는 사람이라면 애당초 이런 말은 하지 않는 다. "뭘 모르는 사람이군"이라는 말은 바로 자기 자신이 모른다는 뜻 이다. 정답을 알고 있는 사람은 결코 이런 부류의 말은 하지 않는다.

이와 비슷한 말들이 있다.

"솔직하지 못한 사람이군."

"믿음이 가지 않는 사람이군."

"영리하지 못한 사람이군."

"현명하지 못한 친구군."

독단적으로 무지한 사람이라고 판단하는 것은 상대방을 무시하고 비아냥거리는 것밖에 되지 않는다. 무엇이 진술하지 못하고, 무엇이 신뢰가 가지 않는다는 것일까? 무엇이 영리하지 못하고, 무엇이 현명하지 못하다는 말인가? 이런 사람들에게는 어떤 대응방법이 좋을까?

상대: 뭘 모르는 친구군.

나: 뭘 모른다는 것인지 근거를 제시해 주었으면 좋겠네.

상대: 참 답답한 친구군. 무슨 말인지 모르겠어.

나: 헐!(기가 차서 할 말이 없음)

근거도 없이 무례하게 대하는 상대에게는 강력하게 대응하는 수밖에 없다. 물론 상대가 선배나 상사라면 좀 더 공손한 말로 맞대응하면 된다.

"네, 제가 팀장님께서 의도하시는 바를 이해하지 못했습니다. 이유를 자세하게 말씀해 주시면 안 될까요?"

말은 애매하게
하지 마라

우리 속담에 '척하면 삼천리'라는 말이 있다. 말이나 행동을 보여주기 전에 상대방이 재빠르게 알아차리는 것을 말한다.

상사: 척하면 알아야지. 그렇게도 눈치가 없어?

부하: 네?

상사: 무슨 말인지 모르겠어?

부하: 무슨 말씀을 하시는 것인지요?

상사: 무슨 말씀이라니? 상황을 보면 모르겠나? 꼭 설명을 해야 알아듣겠어? 참 답답한 친구군.

부하: 조금 더 구체적으로 말씀해 주시면…….

상사: 뭐라고?

간혹 어떤 상사는 구체적인 설명 없이 "분위기를 알아서 좀 파악하란 말이야"라는 식의 일방적이고 추상적인 말만 거듭한다. 멘토링하거나 코칭하는 것이 귀찮으니 대화의 뉘앙스로 알아서 판단하라는 의미다. 이럴 때면 부하는 속으로 '뭐라고 하는 거야 도대체. 참 답답한 사람이군. 대화의 '대' 자도 모르는 것 아냐?'라고 생각할 것이 틀림없다.

"내가 한마디 하면 척하고 알아들어야지. 그렇게 눈치 없으면 내 밑에서 일하기 힘들어. 언제까지 일일이 설명해 주어야 하는 거야?"

그런데 이런 사람들은 막상 일이 잘못되면 이렇게 말한다.

"성 대리, 이게 무슨 일이야? 주요 고객처에서 납품을 받지 않는다고? 왜 진작 나에게 자세히 물어보지 않았나? 당신 잘못으로 회사가 입은 손실이 얼마나 되는지 알아? 이 일을 어떻게 처리하나? 당신 잘못으로 이 지경까지 되었잖아."

이렇게 자신의 책임은 전혀 없다는 듯 부하만 책망한다. 이런 문제가 발생하는 것은 무엇 때문일까?

첫째, 상황을 구체적으로 설명하지 않으려는 나태함 때문이다.

아무리 바쁘게 돌아가는 세상이지만 자신이 의도한 바를 구체적으로 설명하지 않은 사람 탓이다. 상대방의 말을 알아듣지 못한 사람의 책임이 아니다.

둘째, 자신에 대한 지나친 믿음 때문이다.

'척하면 삼천리'라는 상사의 기대에 부응하여 어떤 일도 대응할 수 있다는 자신의 믿음 때문에 석연치 않은 상황을 구체적으로 물어보지 않는 부하의 책임도 크다.

셋째, 지나친 낙관주의 때문이다.

어떤 상황에 직면해도 스스로 문제를 해결하는데 장애요인은 없을 것이라는 지나친 낙관주의 탓이다.

넷째, 언어 전달력의 문제이다.

발음이 부정확하다거나 어휘력이 부족하여 자신의 의도를 명확하게 전달하지 못하여 발생하는 경우도 있다. 알고 있는 지식은 많은데 이를 어떻게 전달하고 표현해야 하는지 모르는 경우이다.

다섯째, 말하는 사람과 듣는 사람의 입장 또는 목적이 다른 경우이다.

말하는 사람은 '10대 청소년의 흡연율 감소방안'을 생각하고 있는데, 듣는 사람은 '청소년 흡연에 의한 폐해'에 대하여 생각하고 있다면 말하는 사람의 의도가 제대로 전달되지 못하는 것이다.

여섯째, 확인하는 절차를 무시했기 때문이다.

상대방이 말하는 사람의 의도를 이해하지 못했다고 판단이 들 때에는 상대방이 제대로 알아들었는지 확인하는 질문을 해야 하는데, 이러한 과정을 무시하고 그 책임을 상대방에게 전가하는 경우가 있다.

부하는 어설픈 지식과 미숙한 경험만 있어도 상사가 지시하면 그 기대에 부응하여 어떻게든 실행하고 말겠다는 의지를 보이는데, 이는 엉뚱한 길로 접어드는 지름길이 되어버린다.

"남자는 배짱이 최우선이야."

"눈빛만 봐도 알잖아?"

"요점이 무엇인지 알겠지?"

이렇게 감각적으로 이야기하는 상사는 어느 회사에나 존재한다. 감각적으로 이해하라는 것은 처음부터 '대충해도 상관없다'는 전제가 깔려 있는 것이다. 지시사항이 구체적이지 않은데 객관적인 성과를 창출한다는 것은 어불성설이다. 부하가 감각적인 말을 사용하면 그것을 원래대로 바로 잡아주어야 하는 것이 정상이다.

어떤 일을 도모함에 있어 아무리 구체적으로 지시를 한다고 해도 상대가 잘못 이해하는 경우도 많은데 알아서 하라고 하면 그 일의 결과는 뻔하다. 상사는 언제나 부하의 멘토가 되어야 하고 모범을 보여야 한다. 정확하고 구체적인 언어 전달 능력은 성과를 좌지우지할 만큼 중요하다.

"열심히 일합시다."

이런 말은 구체성이 떨어져 실천 가능성도 떨어진다.

"매월 1인당 1억 원의 매출을 올립시다."

이렇게 구체적으로 말해야 한다.

자신의 의사를 상대에게 표현할 때는 간결하면서 직접적으로 말하는 것이 좋다.

"출장 갈 동안 나 대신 품질관리 업무를 누가 대신해주면 기분이 참 좋을 것 같아요."

"저기 있는 후추를 전해주시면 이 요리가 환상적일 것 같아요."

"누가 나와 파트너를 해주시면 최고의 팀이 될 것 같아요. 희망하시는 분 없으세요?"

이렇게 돌려서 말하는 것보다는 다음과 같이 직접적으로 말하면 된다.

"조 대리, 출장 중 품질관리 업무 좀 대신 맡아 줄래요?"

"김장풍 씨, 저기 있는 후추 좀 주실래요?"

뉴질랜드 오클랜드 대학 니콜라 오벨 교수는 61쌍의 연인들을 대상으로 어떤 커뮤니케이션 전략을 쓸 때 그들의 관계가 긍정적인 방향으로 나아가는지를 조사했다. 이 커플들에게 3개월 단위로 직접적인 커뮤니케이션 대 간접적인 커뮤니케이션을 번갈아 적용하며 조사했다. 그 결과 간접적인 커뮤니케이션 전략은 처음에는 남녀 모두에게 성공적인 것으로 받아들여졌으나 시간이 흐를수록 관계에 진전을 보이지 않았고, 오히려 둘 사이의 문제가 심각해지고 관계의 밀도도 떨어지는 것으로 나타났다.

니콜라 오벨 교수는 이 연구에서 커뮤니케이션 방식을 다음과 같이 4가지로 분류하였다.

• 부정적이고 직접적인 방식

・부정적이고 간접적인 방식
・긍정적이고 직접적인 방식
・긍정적이고 간접적인 방식

이 4가지 방법 중 대부분의 사람들은 '긍정적이고 간접적인 방식'이 관계에 긍정적인 영향을 미칠 것이라고 예상했다. 실제 처음에는 긍정적인 영향력을 미쳤지만 시간이 지나면 지날수록 관계가 악화되어 갔다.

이 4가지 소통방식 중 가장 효과적인 방법은 '긍정적이고 직접적인 커뮤니케이션 방식'으로 나타났다. 유머를 활용한다든지 하는 간접적인 커뮤니케이션 방식은 쌍방 간의 변화를 일으키지는 못했다. 또한 상대방의 기분을 지나치게 고려한 나머지 전달하고자 하는 핵심 메시지가 전달되지 않았다. 돌려서 말하면 당장은 상대방의 기분을 맞추거나 좋은 분위기를 조성할 수 있는 장점이 있으나, 이쪽에서 의도한 바를 상대에게 명확하게 전달하지 못하는 단점도 있다.

또한 '~것 같다'라는 추측의 말도 효과적이지 못하다.

"나의 기분이 좋은 것 같습니다."

"해주시면 좋을 것 같습니다."

"그렇게 하면 믿을 것 같습니다."

"저의 입장은 그것이 아닌 것 같습니다."

자신의 의사를 피력할 때는 '~다'와 같이 술어를 단정적으로 말하고 직접적으로 말해야 한다. 그래야만 자신의 의도를 상대방에게 명확하게 전달할 수 있다. 간혹 대화를 하다 보면 말꼬리를 흐리는 사람들이 있다. 즉 술어를 낮게 발음하는 것이다. 이렇게 말하면 문장 전체가 불명확하게 들린다. 따라서 명확한 의사전달을 위해 말꼬리를 강하고 힘 있게 발음하는 노력을 기울여야 한다.

특히 주도적 성향을 가진 사람은 말을 돌려서 말하면 답답함을 느끼거나 말의 내용을 이해하지 못하는 경우가 있으니 이 점을 유의하여 의사소통을 해야 한다.

물론 상대방의 감정을 공유하는 것이 대화의 목적이라면 직접적인 대화보다는 간접적인 대화방식이 좋다. 부모를 잃어 슬픔에 잠겨 있는 동생에게 "너 바보니? 울긴 왜 울어"라고 말한다면 마음의 상처는 더 커질 것이다. "많이 슬프지? 그래도 아빠는 우리들의 의연한 모습을 바랄 거야" 하고 말해야 한다.

07
어떤 주제도
피하지 마라

프레젠테이션이나 커뮤니케이션, 리더십 등을 강의할 때 대부분의 강사는 종교, 정치, 인종, 출신학교, 성차별 등에 대해서는 논하지 말라고 한다. 그러나 대화를 나누는데 특정한 주제를 피하라고 하는 것은 적절하지 못하다. 물론 이런 주제를 가지고 처음 만난 사람과 대화를 나눌 때는 경우에 따라서 적절하지 못한 경우도 있다.

"나는 여당인데 당신은 어떻습니까?"

"저는 S대를 나왔는데 어떤 대학을 졸업하셨나요?"

이런 질문은 상대방을 당황하게 만들 수 있다. 하지만 구면이거나 친분이 어느 정도 형성된 사이라면 개의치 말아야 한다.

상대방에게 묻고 싶은 것이 있다면 허심탄회하게 물어볼 수 있다. 여성에게 "당신 남편은 어떤 일을 하는 분인가요?"라고 물어보는 것은 실례라고 생각하지만 필자는 그렇게 생각하지 않는다. 상대를 이해하려면 상대를 이해할 수 있는 모든 것을 질문해 보아야 한다. 상대방의 남편이 우연히 내가 하는 일과 같은 일을 하는 사람이라면 동지의식 또는 동질감을 서로 느끼게 되어 의외로 비즈니스가 잘 풀릴 수 있을 것이다.

상대방의 정치색에 대해 물어보는 것도 예외는 아니다.

A: 저는 보수 성향이 강한데 당신은 어떠신가요?

B: 저는 진보 정책을 지지하는 편입니다?

A: 어떤 정책이 마음에 드시는 건가요?

B: 서민이나 소외계층을 위한 정책이 마음에 듭니다.

A: 그런 측면은 저도 공감합니다. 특히 장애인을 위한 시설투자 확대는 저도 적극적으로 지지합니다.

B: 보수정책을 지지하는 이유는 무엇인가요?

A: 남북이 대처하는 상황에서는 정부의 강력한 대북정책이 필요하기 때문입니다.

B: 저도 그런 측면에서는 공감합니다. 그러나 조금 더 유화적인 태도도 필요하다는 생각이 듭니다. 당근과 채찍을 함께하는 정책이 필요하다는 생각이 듭니다.

이렇게 질문을 통하여 얼마든지 공감대를 형성할 수 있다. 정치는 경제, 사회, 문화 정책과 연결될 때 더 많은 공감대를 형성할 수 있다. 공감을 하면 경험을 공유할 수 있는 장점이 있다.

종교관이나 성 차별에 대한 이야기를 하게 되면 더 진솔해진다. "이런 주제는 안 돼" 하면서 제한을 두면 화제의 폭이 좁아진다. 기피하는 화제가 많아지면 많아질수록 상대와의 관계는 깊어지기 어렵다. 또한 서로가 하고 싶은 말을 자유롭게 하지 못하고 결국 대화는 답답해지기 마련이다. 대화의 주제에 대해 상대가 불편해하면 "미안합니다. 제가 너무 부담되는 질문을 드렸습니다"라고 사과하면 된다. 서로의 차이점을 인정만 할 수 있는 상대라면 아무런 문제가 없다.

대화의 폭을 넓혀야 상대방이 원하는 것과 대화의 동기를 파악할 수 있다. 어떤 주제를 화제로 삼을지 걱정이 지나쳐 우물쭈물하다가는 별다른 이야기도 하지 못한 채 대화가 마무리된다. 세상을 살아가면서 서로 대화를 하지 못한다는 것은 큰 문제가 아닌가? 그에 비하면 어떤 주제든 피하지 않고 거론하는 것은 문제가 되지 않는다. 사과 한마디면 그것으로 끝이다. 말하기가 거북한 주제라면 사전에 양해를 구하고 물어보면 된다.

A: 혹시 이런 질문을 드려 실례가 될지 모르겠는데 괜찮겠습니까?

B: 네, 그럼요. 어떤 질문도 좋으니 허심탄회하게 물어 보세요.

A: 전 대리 3년 차에 마이콤 프로젝트를 하면서 이중화 작업을 소홀히 하여 프로젝트가 2개월 정도 지연되는 실수를 한 적이 있습니다. 혹시 선배님은 업무를 수행하면서 실수한 경험은 없으신 지요?

B: 물론 있어요.

A: 그럼 어떤 실수를 하셨고 어떻게 해결하셨는지 알려주실 수 있나요?"

노총각들의 특성을 살펴보면 독특한 특징이 있다. 사람을 가려서 사귀는 경향이 있다. 단 한 번의 만남으로 전부를 판단하고 말이다. 사람을 가려서 사귀니 결혼기회를 포착할 수 있는 확률이 떨어지는 것이다. 대화의 주제도 이와 같다.

08

비유를
잘 활용하라

특강으로 이름이 꽤나 알려진 K강사의 강의를 들은 적이 있다.

"지하 자매님들과 수다 떠는 것은 좋아하면서도 왜 부인과는 대화를 안 하시죠?"

이때 청중들은 '지하 자매님'이라는 말에 빵 터지고 말았다. 지하 자매님이란, 호프집에서 서빙을 하는 사람을 가리킨다. 유머스럽게 비유한 것이다. 사람들은 왜 빗대어 말하는 것일까? 빗대어 표현하면 대상을 보다 친근하고 익숙하게 인식할 수 있기 때문이다. 또한 낯설게 표현함으로써 상투적인 개념들을 새롭게 인식하는 효과를 얻을 수도 있고, 대상의 이미지가 구체적이고 선명하게 나타날 수도 있기 때문이다.

말 잘하는 사람의 특성 중 하나가 비유를 잘 활용하는 것이다. 상대가 이해하기 쉽도록 비유를 절절히 구사하면 커뮤니케이션에 많은 도움이 된다.

예를 들어 "방글라데시의 인구는 매년 100만 명씩 늘어난다"라고 하면 그 규모가 어느 정도인지 선뜻 다가오지 않는다. 그러나 "방글라데시의 인구가 매년 청주시의 인구만큼 늘어난다"라고 하면 조금 더 이해하기 쉬워진다. 그러면 숫자에 무감각한 사람도 느낌으로 쉽게 알아차릴 수 있다.

대화를 더욱 풍성하게 만드는 비유법의 종류에 대해 알아보자.

- 직유법: A는 B와 같다

  A사물을 나타내기 위해 B사물의 비슷한 성질을 직접 끌어다 견주는 것으로 어떤 대상을 ~처럼, ~같이, ~듯이 등을 써서 다른 대상에 빗대어 표현하는 방법이다.

  예) 달처럼 생긴 당신이여(원관념=당신, 보조관념=달)

- 은유법: A는 바로 B다

  표현 속에 비유를 숨기는 기법이다. 직유법이 서로 비슷한 뜻이라면, 은유법은 같은 뜻 또는 같은 값의 뜻을 의미한다.

  예) 내 마음은 갈대다(원=내 마음, 보조=갈대)

- 의인법

  사물의 움직임이나 모양, 추상적 관념 등을 사람의 동작처럼 나타내는 기법으로 사람이 아닌 대상을 사람처럼 표현하는 방법이다.

예) 이글거리는 태양, 성난 파도

• **활유법**

무생물을 생물로 표현하는 기법이다.

예) 성난 파도

• **의성법**

표현하려는 사물의 소리를 음성(의성어)으로 나타내고, 또 그것을 연상하도록
표현하는 기법이다.

예) 졸졸 흐르는 시냇물

• **의태법**

사물이나 행동의 모양, 상태 등을 흉내 내어(의태어), 그 느낌이나 특징을 드
러내는 표현 기법이다.

예) 손주 녀석이 아장아장 걷는다.

• **대유법**

사물의 일부나 그 속성을 들어 표현하고자 하는 대상 전체를 나타내는 기법
이다.

예) 빵이 아니면 죽음을 달라.(빵=식량)

- **풍유법**

  속담, 격언, 우화 등을 이용하여 나타내고자 하는 뜻을 간접적으로 표현하는 기법이다.

  예) 사랑은 움직이는 갈대다.

- **제유법**

  일부로써 전체를 대표하게 하는 기법으로 대유법의 일종이다.

  예) 풀만 먹고 살 수 없다(풀=야채)

- **환유법**

  사물과 관계 있는 사물을 빌어 나타내는 기법이다.

  예) 놀부 심보를 가져서는 안 된다.(놀부=구두쇠)

- **중의법**

  하나의 말에 둘 이상의 뜻을 나타내게 하는 기법이다.

  예) 수양산 바라보며 이제를 한하노라

  수양산: (1) 중국 지명, 중국의 백이, 숙제가 숨어 살았던 곳 (2) 수양대군

- **상징법**

  원관념은 겉으로 드러나지 않아 암시에만 그치고 보조관념만이 글에 나타나는 표현기법이다. 은유법과 유사하나 원관념이 드러나지 않는다는 점에서 차이가 있다.

예) 해야, 솟아라, 말갛게 씻은 얼굴 고운 해야 솟아라.(원관념 없음, 해의 의미가 상징적=광명)

중국 전국시대 중엽의 유세가인 소진은 일개 서생 출신이였지만, 지모변설로 공명부귀를 얻어 6개국의 재상이 되어 합종설을 주장함으로써 그 이름을 천하에 떨쳤고, 장의는 진나라를 위해 연형책을 써서 진나라가 천하를 통일하는 공신이 되었다. 이로써 소진과 장의는 전국시대 책사의 제1인자로 칭송받았다. 소진과 장의는 말로써 천하를 움직인 사람들이고, 그로 인해 '소진장의'는 말을 잘하는 사람의 별칭처럼 쓰이고 있다. 그래서 이런 속담도 생겼다.

"말 잘하기는 소진장의(蘇秦張儀)로군."

이 말은 구변이 썩 좋은 사람들을 비유하는 말이다. 비유를 하는 것은 말을 능숙하게 하기 위한 첫걸음이다. 대화를 나눌 때 상대가 "그것은 무슨 뜻이죠?"라는 질문을 자주 한다면 이는 당신의 말이 이해하기 어렵다는 뜻이다. 이때 비유를 적절히 활용하면 상대방의 이해도를 높일 수 있다.

그러나 비유법을 사용할 때는 상대방의 지적 수준도 고려해야 한다.

"'수양산을 바라보며 이제를 한하노라' 이게 무슨 뜻인지 알죠?"

"네?"('도대체 무슨 말을 하는 거지?')

09
이미지가
떠오르도록 말하라

    당신이 최근 결혼을 했거나 또는 여행을 다녀왔다고 하더라도 묵었던 숙소의 방 번호를 기억하고 있지 못할 것이다. 외출 시마다 방의 키 번호를 확인하였을 터인데 말이다. 그것은 우리가 텍스트를 오래 기억하지 못하는 뇌의 작용 때문이다.

    그러면 당신이 묵었던 호텔의 모습과 방의 구조는 기억하고 있는가? 아마 오랜 세월이 흐르지 않았다면 어렴풋이나마 기억하고 있을 것이다. 방의 구조, 화장실의 위치, 탁자의 모양 등을 기억할 수 있을 것이다. 우리가 이렇게 설명해 주지도 않는 방의 구조를 오랫동안 기억할 수 있었던 이유는 이미지를 오래 기억하는 뇌의 기능 때문이다.

    중국으로 여행을 갔다고 가정하자. 중국어는 전혀 하지 못하는데 중국 음식점에 들렀다. 어떤 음식을 먹을까? 중국어를 할 줄 안다고 해도 걱정은 마찬가지다. 이때 음식이 담긴 사진을 종업원이 보여준다. 어떤 음식인지 대충은 알아차릴 수 있다. 이것이 이미지가 갖는 장점이다.

말도 상대가 이미지화해서 들을 수 있도록 꾸며주어야 한다. 상대를 설득할 때 말은 단순명료해야 한다. 장황하게 말하면 상대가 지루해하기 때문이다. 하지만 경우에 따라서는 말에 그림을 그려 넣는 작업이 필요하다.

예를 들면 메뉴판에 '해물짬뽕'이라고만 썼다가 '쫄깃쫄깃한 수타면에 5성급 주방장의 손맛, 살아 있는 오징어, 바다를 통째로 담아 시원하고 매콤한 '궁중해물짬뽕'이라고 부연 설명하였다. 결과가 어땠을까? 매출이 2배 이상 올랐다고 한다. 이것은 고객이 요리에 대한 생생한 이미지를 떠올렸기 때문이다.

이야기에 이미지라는 옷을 입히는 것이다. 광고 홍보에서도 이미지 연상 작용을 활용하여 성공한 경우가 많다. 홈쇼핑을 보면 쇼핑호스트가 단순하게 제품을 설명하는 것이 아니라 상품에 옷을 입혀서 판매한다.

"이 제품은 건강에 좋은 제품입니다."

"이 제품은 흡인력이 좋은 제품입니다."

"품질에 대한 확실한 보장을 해드립니다."

"납기를 최우선시하는 기업입니다."

"이 화장품은 보습기능이 뛰어난 제품입니다."

단순히 이렇게 광고하지 않는다.

"이영애의 아이 같은 피부와 김희애의 탄력 있는 피부! 40대의 피부를 10대의 피부로 만들어준 그 제품!"

마치 이 화장품을 구매하여 사용하면 내일 아침이라도 이영애의 피부와 김희애의 피부가 될 것 같다.

우리나라 담뱃갑 하단에는 다음과 같은 경고가 써 있다.

〈경고: 흡연은 폐암 등 각종 질병의 원인! 그래도 피우시겠습니까? 담배연기는 발암성 물질인 나프틸아민, 니켈, 벤젠, 비닐 크롤라이드, 비소, 카드뮴이 들어 있습니다. 금연상담전화 번호도 1544-9030〉.

당신이 흡연자라면 이 글을 보고 금연하겠다는 생각이 들겠는가? 오히려 외국 담뱃갑처럼 건강한 폐와 폐암에 걸려 검게 된 폐의 이미지를 보여주는 것이 훨씬 효과적일 것이다.

필자도 이런 이미지를 떠올리면서 담배를 끊었다. 단순히 텍스트로만 설명하는 캠페인에는 동조가 되지 않는다. 몸에 와 닿지 않기 때문에 금연 실천력이 떨어지는 것이다. 담배의 폐해를 이미지를 활용하여 극적으로 전달하지 않는 한 금연 캠페인은 한낱 구호에 지나지 않는다. 이처럼 이미지의 전달효과가 크기 때문에 단순한 텍스트에 그림의 옷을 입혀 말해야 한다. 이미지처럼 말해야 설득효과가 있다.

배우들이나 여성들이 외모를 가꾸는 일도 같은 맥락이다. 가꾸지 않은 전지현의 모습은 어떨까? 영화나 CF에서 보여주는 그대로의 모습일까? 배우들이 생얼을 보여주기 싫어하는 이유는 연출된 이미지에 익숙한 대중들에게 실제의 자기 모습을 보여주기 싫기 때문이다. 좋은 이미지는 사람들에게 호감을 주고 오래 기억하도록 만든다. 사람들과의 대화에 있어서도 '말과 함께 이미지를 보여주는 것'이 보다 오래 기억되고 효과적이다.

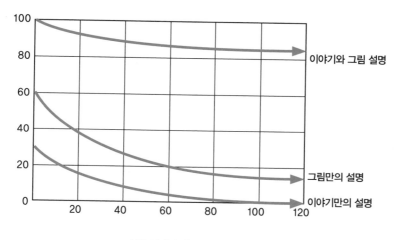

시간 경과와 기억률

10
권위자 행세를
하라

'폭스 박사 효과'라는 실험이 있었다. 폭스 박사는 실제로 박사가 아니라 가공된 목소리가 좋은 배우였다. 이 배우에게 강연을 해달라고 부탁을 하고 권위자 행세를 하도록 했다. 강연의 주제는 '의사교육에 활용하는 수학 게임'이었고 내용은 복잡했지만 말도 안 되는 헛소리였다. 청중에게는 이 배우를 '수학을 이용해 인간행동을 연구하는 전문가인 폭스 박사'라고 소개했다. 그리고 화려하게 그의 이력을 포장하고 옷차림도 단정하게 치장하였다.

'폭스 박사'는 의사뿐만 아니라 일반인들에게도 강연을 했다. 하지만 모든 청중들이 그의 말도 안 되는 거짓말과 헛소리를 의심하지 않았다. 그들은 강연을 마친 '폭스 박사'와 열띤 토론을 벌이기도 했다.

EBS TV에서도 이와 비슷한 자존감 관련 실험을 했다. 가상의 배우를 해당 분야의 최고 전문가인 교수로 소개했다. 이 교수는 2명이 일개조로 구성된 프로젝트 팀원 중 한 명에게는 수행내용을 칭찬하고, 한 명에게는 질책을 했다. 이 전문가에게 피드백을 받은 피실험자에게서 반응이 나타났다. 칭찬을 받은 피실험자는 자존감이 높아졌지만, 질책을 받은 피실험자는 심하게 낙담하는 반응을 보였다. 이 가상의 교수는 말도 안 되는 논리로 칭찬과 질책을 했는데 말이다.

이와 같은 실험은 또 있다. 인디애나 주립대 연구진은 다음과 같은 실험을 했다. 명망 있는 바이올리니스트가 뉴욕 지하철역에서 허름한 복장을 하고 연주를 시작했다. 승객들 중 그 누구도 그의 연주에 귀 기울이지 않았다. 그리고 대형 콘서트홀에서 피아노 연주 경험이 별로 없는 아마추어를 수상경력이 많은 훌륭한 연주자라고 소개하고 바이올린을 연주했다. 청중들의 반응은 우레와 같은 박수가 쏟아졌다.

대중을 설득하기 위해서는 자신의 모습을 반드시 사실 그대로 보여줄 필요는 없다. 당신이 진짜 권위자일 필요가 없다는 것이다. 물론 진짜 권위자라면 말할 나위 없이 완벽하다.

레드카펫을 밟는 배우들이 포토존에서 화려한 포즈를 취하는 이유는 무엇일까? 단순히 사진에 예쁘게 찍히기 위해서? 아니다. 대중들에게 자신의 모습을 과장되게 표현하여 대중적인 인지도를 높이고 관심을 얻기 위한 것이다. 이렇게 해야만 배우의 이미지를 극대화할 수 있다. 이 이미지가 각종 매스컴을 통해 대중들에게 노출이 되면, 점차 전문 배우로 각인될 것이다. 레드카펫을 밟는 순간 스타의 반열에 오르는 여배우도 종종 볼 수 있다. 이것이 모두 권위자 행세를 한 덕분이다.

물론 여기에는 논리도 필요하다. 이 논리도 포장을 해야 한다. 권위자로서의 스토리텔링이 필요하다는 것이다. 동냥을 하는 거지 둘이 있다.

A: 한 푼만 주십시오.

B: 저는 가난한 집안에서 6형제 중 막내로 태어나 어려운 시절을 보냈습니다. 또한 IMF 때 사업이 망하여 무일푼으로 전락하였습니다. 그나마 남은 재산으로 트럭 한 대를 구입하여 과일장사를 했으나, 대형 교통사고로 불구의 몸이 되어 노동력을 상실하였습니다. 4명의 처자식을 먹여 살려야 하는 처지로서 이렇게 여러 어르신들께 손을 벌리지 않으면 안 되는 처지가 되었습니다. 둘째 아이는 피아노에 재능이 있어 훌륭한 피아니스트로 만들고 싶지만 레슨을 받을 형편이 되지 못합니다. 저는 가난하지만 꿈이 있습니다. 작은 노점상이라도 차려 아이들을 훌륭하게 키우고 싶습니다. 부디 저의 이러한 간절한 소망을 위해 도와주시면 열심히 사는 것으로 은혜에 보답하겠습니다. 도와주십시오.

A와 B중 누구에게 여러분은 도움의 손길을 뻗을 것인가? 누구에게 물어보든 'B'다. 'B'는 논리로 자신을 포장했기 때문이다.

포장이라는 것도 역량이 없으면 불가능한 일이다. 권위자 행세를 하는 것도 지적역량이 있어야 한다. 따라서 사회, 정치, 경제, 문화 등에 대한 다양한 경험과 지적역량을 개발하기 위한 지속적인 노력이 필요하다.

당신의 이력서에

- ○○대학 졸업
- ○○사 인사팀장
- ○○ 프로젝트 수행
- ○○대상 수상

등 경력을 기록하는 이유는 무엇일까?

자신을 타인에게 드러내기 위한 포장이다. 예쁘게 포장한 선물을 받을 때 기쁨도 배가 되는 것이다.

11
반론에 효과적으로
대응하는 방법

"정 대리 의견에 찬성할 수 없습니다."

"조 과장 제안은 특색이 없습니다."

"이 방안으로는 경쟁사를 이길 수 없습니다."

"참 답답하군요."

"더 할 얘기가 없습니다."

"6개월 프로젝트 내용이 고작 이 정도인가요?"

회의 시간에 새로운 프로젝트를 제안했는데, 참석자들로부터 거센 저항에 부딪혔다. 이런 경우 매우 당황하게 된다. 궁지에 몰린 당신, 어떻게 대응하면 좋을까?

반론은 대화의 질(質)을 위해 매우 중요한 과정이다. 심도 있는 반론을 통해 상품이나 서비스의 품질이 결정된다. 반론이 없으면 경쟁력 있는 아이디어가 나올 수 없고, 제안한 아이디어가 최상으로 결론

나고 만다. 그 이상의 품질을 보장할 수 없다.

따라서 반론은 필수적으로 동반되는데, 문제는 반론을 건설적인 방향으로 이끌고 갈 수 있느냐 하는데 있다. 특히 여러 이해관계자가 참여한 회의에서는 안건에 대한 시각이 첨예하게 대립하는 경우가 종종 발생한다.

가톨릭에서 성인을 추대할 때, 반대편 입장에서 후보자에 대한 문제점 등을 제시하고 그를 논박하는 역할을 맡은 성직자에게 주어지는 이름이 '악마의 대변인'이라고 한다. 겉으로 드러나지 않은 숨은 진실을 찾아내기 위해서다. 악마의 대변인은 반대편의 입장에서 잘못을 지적하고 논박을 한다. 악마의 대변인의 질문에 효과적으로 대응하지 못하면 성인으로 추대받을 수 없다. '악마의 대변인'을 현대적인 의미로 해석하면 집단 의사결정 과정이나 토론 중에 통상적으로 용인되는 의견의 모순점을 드러낼 목적으로 의도적으로 반대의견 등을 제시하는 사람을 가리키는 명칭이다. 그러면 어떻게 반론에 대응하면 좋을까?

첫째, 먼저 반론해준 것에 대한 감사의 마음을 전한다.

반론도 쉬운 것은 아니다. 반론을 해준 사람도 신중한 생각 끝에 한 말이다. 이에 먼저 감사의 말을 표현해야 한다.

"소중한 의견, 감사드립니다."

"신중하게 생각해 주셔서 고맙습니다."

둘째, 서로 간의 차이점을 인정한다.

흔히들 말하는 것처럼 차이점은 나쁜 것이 아니라는 것을 인정해야 한다.

"제 의견은 왼쪽으로 핸들을 부착하는 것이 사용자 편의성 측면에서 좋다는 것입니다."

"네, 사용자 편의성 측면에서는 찬성을 합니다. 그러나."

일단은 상대방과의 차이점을 인정한 후 '그러나'를 사용하여 상대방의 의견에 대한 반론을 제기한다.

셋째, 반론이 틀렸다는 근거나 이유를 제시한다.

만약 반론에 이의가 있으면 반론이 틀렸다는 근거를 명확히 제시해야 한다. 근거나 이유 없이 상대의 반론을 설득하기 어렵다.

나: MR 역량 확보를 위해 가장 시급히 제공해야 하는 프로그램은 '커뮤니케이션 스킬'입니다.

상대: 무슨 말씀을 하시는 것인지요. '커뮤니케이션 스킬'보다는 '영업 스킬'이 더 중요합니다.

나: 물론 '영업 스킬'은 영업역량을 향상하는데 반드시 필요한 과정이라고 생각합니다. 그러나 '영업 스킬'의 선행과정이 '커뮤니케이션 스킬'입니다. 이 과정을 이수하지 못하면 '영업 스킬' 과정을 이해할 수 없습니다. 이는 지난 7개월 동안 외부전문가의 도움을 받아 수립한 역량모델링 체계에도 도출되어 있는 내용입니다. 또

한 우리 회사의 영업자문단 의견도 이와 같습니다. 그러면 영업 스킬이 커뮤니케이션보다 중요하다는 근거를 말씀해 주시기 바랍니다.

상대: ……

이와 같이 상대방의 반론에 대응하기 위해서는 반론이 틀렸다는 근거를 명확히 제시해 주어야 한다. 예를 들면 외부전문가 등의 조언을 구하는 것이다. 연구자, 전문가 등의 조언을 구하거나 논문, 학술지, 연구결과, 실험결과 등을 인용하여 반론을 제시해야 한다.

특히 신중형의 반론에는 구체적이고 명확한 사례나 근거를 제시해야 한다.

김 대리(사교형): 저는 가속신뢰성 계수가 5.3이라고 알고 있는데 4.2는 어디에서 나온 정보입니까? 그것은 틀린 정보입니다.

박 대리(신중형): 4.2가 틀렸다고요?

(일단 한발 물러선 후 밤샘 조사를 해 관련 정보를 확보한 후, 이튿날)

여러분 잠깐 모이시죠. 어제 김대리가 말한 5.3은 틀렸습니다. 4.2가 맞아요. 여기에 MIT공대(2014년 7월 1일자) 자료와 한국 기계공학지 논문(2015년 3월 11일자)을 보면 명확히 알 수 있어요. 왜 김대리는 근거도 없는 자료로 사람을 피곤하게 만듭니까?

12
'No'를 'Yes'로 바꾸는 방법

상대방의 마음속에 이미 'No'라고 결정한 것을 'Yes'로 바꿀 수 있는 방법은 없을까? 이 방법을 활용하면 'No'라고 돌아올 게 뻔한 대답을 다음과 같은 절차에 따르면 'Yes'로 바꿀 가능성이 높아진다.

첫째, 긍정적인 말을 사용하여 부탁한다.

"이런 방안이 틀린 것인가요?"

"이 방법은 바람직하지 않는 것인가요?

이와 같이 부정적인 단어가 들어간 말을 사용하면 상대방은 틀림없이 부정적으로 생각하기 마련이다. 부정적인 생각을 하면 부정적인 답변이 나올 가능성이 높다.

"이 방안이 최적이라고 생각하는데 어떻게 생각하세요?"

"이 방법이 가장 합리적인 방법이라 생각하는데 어떻게 생각하고 계신가요?"

"관련자들의 의견도 A안이 최적의 방안이라고 평가를 했는데 팀장님의 의견은 어떤 것인가요? 자문을 구하고 싶습니다."

이처럼 긍정적인 단어가 들어가면 상대방이 'Yes' 할 가능성이 높아진다.

둘째, 전문가의 말을 인용한다.

"제 생각은 이 방법이 최선의 대안이라고 생각하는데 어떻게 생각하십니까?"라고 말하는 것보다는 "KDI연구소의 조동진 박사가 이미 이 방안이 최적이라는 연구결과를 내놓았습니다. 이 방안을 팀장님께서는 어떻게 생각하시는지요?"

상대방의 마음을 움직이는데 좋은 방법 중의 하나가 전문가의 연구결과를 인용하는 것이다. 특히 상사들은 전문가의 말을 신뢰하는 경우가 많다.

셋째, 사례를 들어 설명한다.

긍정적인 결과를 얻은 사례를 인용하여 설명한다. 특히 기업의 경우 상사들은 타사의 사례에 대해 종종 물어보는 경우가 있다.

"A사는 어떻게 하고 있습니까?"

"네, A사는~."

넷째, 자신의 생각을 상대방의 생각으로 전환하여 말한다.

자신의 생각을 직접적으로 말하는 것이 'Yes'를 받아내는데 효과적이다. 그러나 예외적인 상황도 있다.

"제 생각은 Sequence제어가 최적의 방법이라고 생각합니다만~"라고 말하는 것보다는 "평소에 Sequence제어 방법을 가장 선호하신다는 얘기를 들었습니다만~"와 같이 상대방의 평소 신념을 얘기하면서 문제를 풀어 나가면 'Yes' 성공률이 높아진다.

다섯째, 상대방이 원하는 이점과 일치하는 부탁을 한다.

상대방의 입장을 고려해 부탁의 말을 설계한다. 즉 상대가 'Yes'라고 답변할 만한 부탁의 말을 만드는 것이다. 상대가 낚시를 좋아하고 평소 대낚시, 루어 낚시를 즐기는데 새로운 낚시방법을 찾고 있다면, 그것을 만족시키는 낚시 방법을 말하면 된다.

"제가 즐기는 낚시 방법 중 여울에서 하는 견지낚시가 있는데 언제 함께 가시지 않을래요?"

그렇게 하면 십중팔구는 'Yes'라고 답할 것이다.

여섯째, 확신에 가득 찬 모습을 보여준다.

자신의 일에 신념이 없는 사람에게는 'Yes'도 'No'로 바뀔 가능성이 높다. 반면 신념에 가득 찬 말과 행동을 보여주면 'No'를 'Yes'로 바꿀 가능성이 높아진다. 신뢰감이 가기 때문이다. 신뢰가 가면 "한번 맡겨 볼까?"라는 마음이 든다. 당신의 눈빛까지 빛난다면 그 가능성은 더욱 높아진다.

　"저에게 Micom 설계를 맡겨 보십시오. 반드시 성공하여 약속을 지키겠습니다."

13
고객의 불만사항은
최고급 정보다

도시바의 고객 불만응대 사례를 들어보자. 고객이 A/S센터에 고객 불만사항을 이야기했는데, 상담원이 불친절하게 대응했다.

고객: 얼마 전에 제가요~

상담원: (말을 끊으며) 듣고 있으니 간단히 말씀하세요.

고객: 무슨 얘기를 하는 거예요? 당신들의 업무 아닌가요?

상담원: 업무 방해하지 마. 당신 같은 사람은 고객이 아니라 상습 불평꾼이야. 이것은 업무 방해야. 알았어? 끊어.

이 내용이 인터넷에 공개되고 한 달 만에 200만 건을 조회하는 등 일본 내외에서 사회적으로 큰 파장이 일어났다. 하지만 안일하게도 회사는 상담원의 개인적 잘못이라고 대응했다. 불매운동이 일어나게 되었으며 매출이 급감했다. 결국 도시바 부사장이 대국민 사과를 하기에 이르렀다. 그러나 한 번 입은 이미지 타격은 오랫동안 회복하기 어려웠다.

일반적으로 '고객'이란 자신이 가진 재화를 활용하여 상품이나 서비스를 구매하는 사람을 가리킨다. 따라서 자신이 구매한 상품이나 서비스에 문제가 있다면 불만을 제기하게 되는 것은 당연하다. 문제는 짜증 섞인 고객의 불만을 어떻게 처리하느냐다. 어떤 기업은 이러한 고객의 불만을 귀담아듣고 규정대로 처리하지만, 어떤 기업은 임기응변식으로 상황을 모면하려고만 든다.

물론 그러한 입장을 이해할 수 없는 것은 아니다. 개인이나 조직은 외부 영향에 대해 본능적으로 저항하려는 방어기제를 가지고 있다. 상품이나 서비스를 제공하는 사람들에게 이러한 심리가 없을 것이라고 보지 않는다. 그러나 성공하는 사람과 조직은 자신의 정당성을 변론하기 전에 왜 이러한 문제가 발생했는지 자기 자신과 조직을 먼저 살펴본다.

불만은 부정적인 요소이다. 고객불만 접수창구에서 불만이 접수되면 이를 부정적인 관점에서만 바라보는 기업이 있다. 그리고는 "우리는 왜 이것밖에 되지 않는가?"라는 볼멘소리를 낸다.

고객의 불만은 위기이자 찬스다. 고객의 불만을 어떻게 받아들이고 처리하는가 하는 것은 순전히 그 일을 하고 있는 사람과 조직의 입장에 달려 있다. 그러나 고객의 불만사항은 상품과 서비스를 획기적으로 개선할 수 있는 기회이다. 때론 이러한 불만사항을 해결하여 획기적인 신상품 개발과 연결하기도 한다. 그러면 어떻게 고객의 불만을 접수하고 처리하면 좋을까?

첫째, 고객과의 커뮤니케이션 창구를 단일화해야 한다.

어떤 기업은 품질관리부서, 개발부서, 서비스센터 등 다양한 창구를 개설하고 고객의 불만을 접수하고 응대한다. 고객의 입장에서 보면 이는 매우 불편하다. 품질관리부서에 전화를 하면 우리 부서는 '제품사양은 변경할 수 있는 자격이 없다'고 이야기한다. 개발부서에 전화를 하면 우리 부서는 '직접적으로 클레임을 할 수 없다'고 한다.

고객의 입장에서 보면 여간 불편한 것이 아니다. 내부 업무처리 규정을 고객들은 알지 못한다. 따라서 원스톱으로 불만사항을 접수하고 처리할 수 있는 창구를 하나로 통합해야 한다. 불만처리 내용을 어떻게 처리하느냐는 기업 내부의 업무프로세스에 따르면 된다.

둘째, 고객의 불만사항을 데이터화하여 관리해야 한다.

고객의 불만이 접수되면 카테고리를 설정하고 이에 따라 분류해야 한다. 그리고 이를 데이터 베이스(Data Base)화해야 한다. 그래야만 이 정보를 관련 부서에서 활용할 수 있다. 부품품질을 개선하기 위해서는 협력업체 관리팀에 이 정보를 공유해야 하고, 품질관리 강화를 위해서는 품질관리팀에서 이 정보를 활용해야 하며, 신제품 개발과 연결하기 위해서는 개발부서에 이 정보가 공유되어야 한다.

셋째, 고객의 불만사항을 신제품 개발과 연결되도록 해야 한다.

고객의 불만사항은 신제품 개발을 위한 최고급 정보다. 신제품 개발을 위해서는 두 개의 정보가 필요하다. 하나는 고객이 원하는 바를 발굴하는 일이고 하나는 고객의 불만사항을 분석하는 일이다. 고객을 일일이 찾아다니지 않고도 고객이 무엇 때문에 불편함을 느끼는지 알 수 있다면 이보다 효율적이고 효과적인 방안이 있을까? 고객의 불만사항은 신제품 개발을 위한 시금석이다. 고객의 불만에 귀를 기울인다면 기업이 추구하는 모범답안이 거기에 있을 것이다.

제5장

기분 좋게
상대의 마음을 훔쳐라

01
'맞장구'는
설득의 마술이다

　목석이라는 말이 있다. 외부의 변화나 자극에 동요하지 않는 사람을 가리켜 '목석 같은 사람'이라고 한다. 즉 나무나 돌과 같은 사람을 목석이라고 한다. 나무나 돌에 대고 이야기하는 사람은 외롭거나 정신에 이상이 온 사람뿐이다.

　하지만 세상을 살다 보면 상대방을 목석을 대하듯 이야기하는 사람이 있다. 그러나 상대하기 싫은 사람을 설득해야 하는 상황이 된다면 어떻게 해야 할까? 말을 하지 않고도 상대방을 설득할 수 있을까? 말을 하지 않고도 대화를 자신의 페이스로 끌어들이는 방법이 있다.

　바로 '맞장구치기'다. '맞장구'는 현란한 어휘를 활용하여 상대방을 현혹하는 어설픈 말보다 더 힘이 있다.

　"맞습니다."

　"그렇군요."

"동감합니다."

"과연!"

"같은 생각입니다."

"지당하신 말씀이에요."

"아하!"

"혁신적인 아이디어입니다."

"이보다 더 좋은 방안은 없을 것입니다."

이런 맞장구를 상대방의 이야기 중에 중간중간 끼워 넣으면 나를 호의적인 사람으로 판단하게 된다. 적극적으로 맞장구를 치기 싫다면 고개만 끄덕여도 된다.

입장 바꾸어 생각해보자. 당신이 상대방에게 열심히 설명하고 있는데 상대방으로부터 아무런 반응이 없다. 어떨까? 상당히 불쾌하고 화가 나지 않을까? 상대방의 반응이 없으면 누구나 무시받고 있다는 생각이 들 것이다.

그러나 많은 사람들이 다른 사람들이 자신의 이야기에 대해서는 경청해주기를 바라면서도 정작 자신은 다른 사람들의 이야기에 귀 기울이지 않는 경우가 많다.

고개를 위 아래로 끄덕이기만 해도 상대방의 말이 많아진다. 실제 면접관이 고개를 끄덕이는 것만으로도 수험자들의 말이 50% 정도 늘어났다는 연구결과도 있다. 맞장구도 다음과 같은 요령에 따라 실시해야 한다.

• 상대방의 눈을 주시하면서 고객을 끄덕이거나 맞장구를 쳐주어야 한다.

눈을 주시하며 맞장구를 치지 않으면 '마음은 다른 데 가 있군'라고 받아들일 것이다.

• 힘 있는 목소리로 맞장구를 쳐야 한다.

말에 힘이 없는 목소리로 맞장구를 치면 '이 친구가 건성으로 이야기를 듣고 있군'라고 생각할 것이다.

• 타이밍을 맞추어 후렴을 해야 한다.

시도 때도 없이 "네", "네" 한다면 맞장구가 장단을 맞추지 못하고 오히려 분위기만 어색해질 수 있다.

• 맞장구는 성의 있게 해야 한다.

목소리는 힘차야 하며 고개를 끄덕일 때도 상대방이 알 수 있을 정도의 움직임이 있어야 한다. 맞장구를 잘 치는 것만으로도 대화를 나의 페이스로 가져갈 수 있고, 내가 의도한 대로 결론을 마무리할 수 있다.

• 자신의 생각과 다른 의견일지라도 맞장구를 쳐주어야 한다.

열변을 토하고 있는데 상대방이 아무런 반응이 없다면 얼마나 무안하겠는가? 자신의 생각과 다르더라도 일단 맞장구를 쳐준다.

"네, 그럴 수도 있겠군요."

일혼이 가까운 나이에 아직도 현역 지상파 MC를 맡고 있는 임성훈 씨는 맞장구의 달인이다. 그는 말을 많이 하지 않는 명MC 중 한 명이다. 게스트나 청중들의 말에 적극적으로 맞장구를 쳐주는 스타일이다. 이것이 바로 그가 명MC로서 찬사를 받는 이유이다. 맞장구는 공감과 경청의 최고의 기법이다.

맞장구는 상대의 감정에 따라 달라야 한다. 슬픈이야기를 할 때는 슬픔에 공감하는 표정을 지으며 맞장구를 쳐야 하고, 기쁘거나 행복한 이야기를 할 때는 기쁨의 맞장구를 쳐야 한다.

상대를
내 편으로 만드는 법

　유치원생 10명을 대상으로 다음과 같은 실험을 했다. 9명의 아이에게는 검은색 구슬을 보여주면서 "얘들아 이 구슬의 색은 검은색이 맞아." 그런데 이번 한 번은 선생님이 "이 구슬이 무슨 색이니?" 라고 질문을 하면 "네, 선생님! 이 구슬은 흰색이에요"라고 대답해주었으면 좋겠어'라고 사전에 약속을 했다. 그러나 경수에게는 이 사전 약속을 전달하지 않았다.

　"보희야, 이 구슬의 색은 무슨 색이니?"

　"네, 선생님! 이 구슬은 흰색 구슬이에요."

　"길수야, 이 구슬의 색은 무슨 색이니?"

　"네, 선생님! 이 구슬은 흰색 구슬이에요."

　그리고 경수에게도 똑같은 질문을 했다.

　"경수야, 이 구슬의 색은 무슨 색이니?"

"네, 선생님! 이 구슬은 흰색 구슬이에요."

경수는 분명히 선생님이 보여준 구슬의 색깔이 검은색인지 알면서도 왜 흰색이라고 대답한 것일까? 그것은 조직에서 자기 혼자만 특이한 사람이 아니라는 것을 보여주고 싶은 마음이 있었기 때문이다. 때때로 사람들은 자기 자신에게 거짓을 강요하면서 주위의 분위기에 맞추려는 경향이 있다. 한마디로 왕따를 당하고 싶지 않은 본능이 있는 것이다. 이것을 심리학에서는 '동조성의 원리'라고 한다. 사람이 모여서 줄이 생기는 것이 아니라 줄이 있어서 사람이 모이는 것과 같은 이치이다.

애플의 스마트폰은 이미 많은 사람들이 사용해 보았기 때문에 더 많은 사람들이 구매하고 싶어한다. 그렇기 때문에 한 번이라도 〈베스트셀러〉라는 타이틀을 얻으려고 판매자들이 노력을 하는 것이다. 길거리를 지나다 보면 유난히 줄이 긴 가게들이 보이곤 한다. 물론 그곳이 맛있어서 줄이 긴 것일 수도 있지만, 줄이 있기 때문에 사람들이 '왜 여기는 줄이 이렇게 길지? 맛있나?' 하면서 호기심으로 줄을 서기도 한다. 줄이 길면, 이게 '인기가 많구나' '맛이겠구나' 싶어서 그 줄에 동참하게 되는 것이다.

개성이 강한 젊은이들이라고 할 지라도 면접장에 들어가 보면 마치 단체 교복을 입은 듯 획일화된 옷을 입고 있다. 면접 시에는 '무난한 무채색 옷'이라는 사화적 합의가 있기 때문이다. 인간은 가능한 한 튀지 않는 행동을 하려는 경향이 있다. 그럴 땐 주위의 분위기에 맞추려 하는 인간의 본성이 드러난다. 동료가 필요한 것이다. 이러한 현상 또한 '동조성의 원리'에 의한 것이다.

동료의식을 자극하는 것도 '동조성 원리'의 하나이다. 상대방이 당신에게 동조하게 하려면, 먼저 당신이 다음과 같이 동조의 신호를 보내야 한다. 빠른 시간 안에 상대방을 내 편으로 만들고 싶다면 공통의 적을 만들어라.

나: 나 요즘 마케팅 전략수립과 관련해 고민이 많아.

동료: 어떤 고민이길래 한숨까지 쉬는 거야?

나: 말하기가 좀 그런데…….

동료: 말해봐.

나: 지난번에 김과장한테 시장점유율 재고방안과 관련한 자문을 요청했었는데 일언지하에 거절당했어. 뭐 그런 사람이 다 있어. 과장이 무슨 큰 벼슬을 하는 것처럼 말이야. 당신도 지난번에 김 과장에게 야단맞는 것 같던데 무슨 일 있었어?

동료: 사실 나도 1/4분기 영업실적이 떨어졌다고 야단맞았어. FTA와 환율문제 등 외부적인 요인 때문에 매출이 저하된 것인데 막무가내로 야단을 치시니 참 답답하더군.

나: 맞아. 야단을 쳐도 합당한 이유가 있어야 말이지. 그래서 하는 말인데 김 과장의 코를 납작하게 만들어 주는 것이 어떨까?

동료: 무슨 방법이라도 있어?

나: 지난번에 중국시장 마케팅 전략 보고했었지?

동료: 그랬었지.

나: 그 보고 자료랑 이해관계자 분석한 자료 있잖아. 그것 좀 활용하면 전략보고서 작성하는데 도움이 많이 될 것 같아. 김 과장도 인도네시아 마케팅 전략 보고계획을 수립 중이거든.

동료: 알았어. 다른 것 더 도움이 필요한 것 있으면 말해봐.

나: 고마워.

03
말할 때
떨지 않는 법

　필자가 수원에 있는 모 방송국 연수원에서 아나운서 및 PD들을 대상으로 프레젠테이션 강의를 실시한 적이 있다. 프레젠테이션을 시연하는 중 모 지방 방송국의 아나운서 차례가 왔다. 그런데 동공이 정지되고 호흡이 멈춘 듯하더니 얼굴은 빨개지고 아무 말도 하지 못하는 것이었다. "왜 그러십니까?"라고 물었더니 긴장이 되어 입이 떨어지지 않는다고 했다.

　아나운서도 이처럼 무대공포증이 있는데 보통 사람들은 어떻겠는가? 우리 주위에서도 사람들과 대화를 할 때나 다른 사람들 앞에만 서면 목소리가 떨리고 말할 때 호흡 조절도 잘 안 되는 증상이 나타나는 경우를 종종 볼 수 있다. 이러한 증상이 심해지면 호흡하기조차 어려운 상태가 되어 버리기도 하고 경우에 따라서는 공포신경증(Phobic Neursis) 즉 대인공포증이 나타나기도 한다.

유럽인의 13~15%가 대인공포증으로 정신과 치료를 받고 있다는 통계가 있는 것을 보면 많은 사람들에게 무대는 공포의 대상이다.

많은 사람들이 해결 방법으로 공포증을 일으키는 상대를 피한다. 하지만 비즈니스에서 사람을 피한다고 문제가 해결되는 것이 아니다. 우리는 사회생활을 하다 보면 처음 만나는 사람 또는 자신보다 지위가 높은 사람을 만나게 마련이다. 그때 '좋은 인상을 남겨주어야 해', '말실수를 하면 안돼', '무시당하고 싶지 않아', '나를 어떻게 생각할까?'와 같은 자의식이 필요 이상으로 작동하는 데서 떨림이 시작된다.

"처음 뵙겠습니다. 잘 부탁드립니다. 김봉수입니다."

"반갑습니다. 저…는 박…창…수입니다."

이러한 긴장이 도를 넘으면 심장이 두근거리고 동공이 풀리며 심지어 악수하는 손까지 부들부들 떨리게 된다. 급기야 머뭇머뭇 주저하다가 대화를 제대로 시작하지도 못한다. 말을 잘해야겠다는 마음과 떨지 말아야 한다는 다짐이 동시에 발동하여 오히려 말실수를 하게 된다. 이는 투수가 공을 잘 던져야겠다는 욕구가 너무 강하여 폭투를 일으키는 일과 같다. 잘 보이고 싶다는 심리 때문에 평소 써보지도 않은 말을 했다가 말투가 이상해지고 횡설수설하는 악순환을 겪게 된다.

이 상황에 상대방이 '도대체 지금 무슨 말을 하고 있는 거야?'라는 의문의 눈빛을 보내면 떨림은 극에 달하고 대화의 시작은 하지도 못한 채 대충 대화가 마무리된다. 그렇다면 이러한 떨림은 어떻게 하면 극복할 수 있을까?

첫째, 상대방도 별것 아니라는 생각을 한다.

낯선 사람을 만나면 누구나 긴장하게 마련이다. 그래서 떨게 되고 심지어는 식은땀까지 흘리게 된다. 이때 상대방도 똑같은 증상이 나타난다. 다만 '나만 왜 이렇게 긴장하는 거야?'라고 생각할 뿐이지 상대방도 긴장하게 마련이다. 상대방도 나와 똑같은 사람이란 것을 마음속으로 되뇌면 된다. 약간의 차이만 있을 뿐이지 상대방도 떨고 있다는 것을 잊지 말아야 한다. 아마 나보다 더 떨고 있는지도 모른다.

이는 상사와 대면할 때도 마찬가지다. 상사도 부하에게 잘 보이고 싶다. 그래서 아무리 상사라고 해도 긴장하지 않을 수 없다. 떨리기 시작하면 '상대방도 떨고 있을 거야 또는 상배방도 별것 아니야. 똑같은 사람이다' 생각을 하면서 심호흡을 하면 긴장감을 다소 해소할 수 있다.

둘째, 대화의 내용을 완벽하게 숙지한다.

말을 더듬거리거나 떨리는 것은 대화의 내용을 완벽하게 숙지하지 못했기 때문이다. HRD에서는 '지식, 스킬, 태도' 이 3가지를 역량이라고 말한다. 만약 주제와 관련된 역량이 충분히 확보되어 있다면 상대방과의 대화를 주도적으로 이끌 수 있다.

또한 대화에 있어 중요한 긴장요인의 하나는 상대방의 예상하지 못한 질문 때문인데, 어떤 질문에도 막히지 않고 대답할 수 있도록 준비가 되어 있다면 이러한 문제는 해결할 수 있다.

셋째, 대화의 경험을 많이 쌓는다.

대화는 스킬이다. 스킬은 반복적인 훈련이나 경험을 통하여 쌓을 수 있는 것이다. 이는 마치 자전거 타기와 같다. 자전거 타기는 특별한 방법이 필요한 것이 아니라 반복적인 훈련을 통해 이루어진다. 처음 자전거를 배울 때는 다리도 후들거리고 넘어지는 것도 반복되지만 한 번 몸에 익혀두면 잊어버리지 않는다. 자전거를 능수능란하게 탈 수 있다면 10년 후에도 다시 자전거를 탈 수 있다.

대화 스킬도 이와 마찬가지다. 영국 케임브리지대학의 졸업식장. 수많은 학생들이 처칠이 오기만을 학수고대하고 기다리고 있었다. 이윽고 수행원을 동반하고 중절모를 쓴 모습으로 강단에 올라왔다. 그는 윗옷과 모자를 벗고 청중을 바라보았다. 잠시 후 천천히 입을 열었다.

"Never give up!(절대로 포기하지 마세요!)

Never give up!(절대로 포기하지 마세요!)

Never give up!(절대로 포기하지 마세요!)"

이 신사는 이 한마디를 남기고 옷을 입고 모자를 쓴 후 졸업식장을 빠져나갔다. 일순간 졸업식장은 숨소리 하나 들리지 않았다. 잠시 후 졸업식장은 우레와 같은 박수 소리로 가득했다. 이것이 처칠 생애 최후의 연설이자 최고의 연설이었다. 명정치가이자 연설가였던 처칠도 처음에는 무대공포증으로 심한 스트레스를 받았다고 한다. 그는 이럴 때마다 청중들이 모두 발가벗고 있다고 생각하고 연설을 했다고 한다.

04
상대에게
더 많이 말할 기회를 주어라

대부분의 사람들은 이야기를 듣는 것보다는 말하는 것을 좋아한다. 누구에게나 자신의 생각을 마음껏 말할 수 있다는 것은 즐거운 일이다.

반대로 자신의 관심사항이 아닌 이야기를 듣는다는 것은 매우 피곤한 일 중의 하나이다. 이 세상에는 말을 잘하는 사람만 있는 것이 아니다. 짧게 이야기할 수 있는 말을 장황하게 늘어놓거나 요점이 도통 무엇인지 알 수 없어 짜증 나게 하는 사람도 있다.

이런 사람과의 대화는 듣는 사람을 금방 지치게 만들거나 심지어 화가 나게 한다. 이야기를 들으면서 겉으로는 고개를 끄덕이지만 언제 상대방의 이야기가 끝날지 또는 어느 타이밍에 말을 잘라버리는 것이 좋을지 고민하게 된다.

하지만 아무리 짜증스러운 이야기라도 상대방에게 말할 기회를 더 주어야 한다. 이것이 대화의 분위기를 살리는 포인트이다. 상대방이 예의 없이 계속 자기 말만 하는 것도 당신의 책임이다. 왜냐하면 대화란 상대와 함께 이야기 하는 것이기 때문에 적절히 컨트롤하는 능력을 길러야 한다.

자신만 기분 좋은 대화는 분위기를 침체시킬 뿐만 아니라 상대방이 대화를 꺼리는 요인이 된다. 그러면 상대방과 자신과의 대화 비율은 어느 정도가 적당할까? 전문가들의 연구결과에 따르면 상대방은 60~70%, 자신은 30~40%가 가장 적정한 비율이라고 한다.

당신이 좋아하는 모형 제작이 화제에 올랐다고 가정해 보자. 그때 모형 제작에 관해 하고 싶은 말을 꾹 참고 상대방에게 말할 기회를 주는 것이다.

"(하고 싶은 말을 참으며) 모형 제작에 관심이 많으시다고요."

"네, 저는 특히 전통가옥을 모형으로 제작하는데 관심이 참 많습니다. 자라나는 어린이들에게 우리의 전통문화를 이해시키는 계기도 되고 또한 몰입도를 증진시키는데 많은 도움이 되어서요."

"정말 대단하시군요. (초보가 아니지만) 저는 아직 초보단계라……."

상대방이 중요하다고 생각하는 것에 관심을 가져주면 온몸으로 이야기를 쏟아낸다. 그리고 당신을 '다른 사람의 이야기를 잘 들어주는 좋은 사람'으로 평가해주고 호감을 갖게 된다. 이외에도 상대방에게 호감을 갖게 하는 방법은 다양하다.

첫째, 상대방의 이야기에 귀를 기울인다.

상대방이 하는 말뿐만 아니라 일거수일투족을 온몸으로 들어야 한다. 상대방이 이야기하는 도중에 딴짓을 하게 되면 말하는 사람은 자신감을 잃게 된다.

주도형, 안정형, 사교형, 신중형 중 어느 유형이 말이 제일 없을까? 질문이나 말을 많이 하지 않는 유형은 안정형이다. 이들은 말하기보다 듣기를 선호한다. 앞서 사교형 스타일이 영업에 수완을 발휘하는 경우가 많다고 했는데 의외로 안정형 스타일도 영업을 잘하는 경우가 있다. 이들의 특성은 고객의 소리를 잘 경청하고 상대에게 조금 더 말할 기회를 많이 제공하기 때문이다.

"우리 작은 아들 녀석 때문에 걱정이에요."

"어떤 걱정이세요?"

"허구한 날 PC방에서 살아요. 성적도 120등이나 떨어졌어요."

"네, 큰 걱정이시겠어요(진심으로)."

이렇게 개인사를 적극적으로 경청하고 상대방에게 말할 기회를 많이 주어도 이것이 영업과 자연스럽게 연결된다.

당신이 보험세일즈맨을 하고 있다고 가정해보자. 상대방은 내가 보험세일즈를 하는 사람이라는 것을 이미 알고 있다. 이때 군이 보험 얘기를 하지 않아도 상대방의 이야기에 귀 기울여주면 보험에 가입할 가능성이 높아진다.

둘째, 성공담을 말하게 하라.

상사인 팀장의 어려웠던 가정환경이나 이를 극복한 과정을 이야기할 기회를 제공하고, 이를 적극적으로 공감해준다면 팀장의 당신에 대한 태도는 완전하게 달라질 것이다.

나: 팀장님처럼 성공한 분들의 이면을 들여다보면 어려운 역경을 극복한 경우가 많던데 팀장님은 어떠셨어요?
팀장: 응, 내 아버지는 상이군경이셨지. 그래서 일을 할 수 없으셨어. 나는 가난 때문에 공업고등학교에 진학했지. 일찍 취직하려고, 대학은 꿈도 꾸지 못했다네. 그런데 나에게도 기회가 왔어.
(중략)
김 과장도 어려운 환경에서 성장했다며? 우린 비슷한 점이 참 많군.(호감도 급상승)

셋째, 시선을 집중하라.

상대방의 이야기를 들을 때에 눈은 항상 한곳에 집중해야 한다. 상대방의 눈에 집중하라. 그때 상호 간의 교감이 이루어진다.

05
대화를 끊는 질문,
대화를 잇는 질문

인간은 누구나가 존중받기를 원한다. 자존심에 자그마한 상처를 입기라도 하면 관계는 단절된다. 대화도 그렇다. 당신이 상대방과의 대화를 단절하려면 다음과 같이 질문하라.

• 비난하는 질문

"당신이 할 수 있는 일이 도대체 뭡니까?"

"조 대리, 입사한 지 얼마나 되었습니까? 지금 하는 일이 수준에 맞는 일입니까?"

"또 잘못했군요."

"김 대리 머리는 그것밖에 안되나요?"

• 동료와 비교하는 질문

"김 과장, 이 과장이 하는 일 좀 벤치마킹해봐요. 이 과장과 입사동기 맞아요?"

"후배인 이 대리 실적이 왜 당신 실적보다 높은 건가요?"

"김 과장의 행동 좀 본받아요. 얼마나 빠릿빠릿해요?"

• 무시하는 질문

"나와 말싸움하자는 것입니까?"

"당신이 본부장님께 보고할 위치입니까?"

• 비하하는 질문

"박 차장, 입사한 지 15년이죠? 근데 이 보고서의 수준 좀 보세요. 참 한심하지 않아요?"

"이 일은 대리들도 2~3시간이면 할 수 있는 일이 아닌가요? 어떻게 생각합니까?"

• 보답을 바라는 질문

"내가 프로젝트를 도와주지 않았다면 결과가 어떻게 되었을 것 같아요?"

"당신, 내가 물심양면으로 도와준 것은 알고 있어요?"

• 갑작스러운 질문

"지금 ○○ 좀 같이 갈래요?"

"30분이면 충분하지요?"

• 얼토당토않은 질문

(아침에 막 출근해서) "오늘 저녁 소주 한잔 어떠세요?"

(퇴근하려는데) "퇴근 전까지 ○○보고서 좀 작성해 줄래요?"

이외에도 대화를 끊는 질문은 많다.

"보고는 잘 마쳤나요?"

"네."

"사장님도 참석하셨나요?"

"아니오."

"정시에 끝났나요?"

"네."

"추가 보고사항은 없었나요?"

"네."

이것은 닫힌 질문으로 대화가 아니다. 대화란 핑퐁게임처럼 말을 서로 주고받을 때만이 가능한 것이다. '네' 아니면 '아니요'로만 대답이 가능한 질문을 했기 때문이다. 이것을 '닫힌 질문' 또는 '폐쇄형 질문'이라고 한다.

질문의 목적은 상대방에게 필요한 대답을 얻기 위해서다. 그러나 '네'와 '아니요'로만 대답이 가능한 질문은 상대방에게서 어떤 의미도 이끌어내지 못한다. 이렇게 하면 대화는 곧 단절되게 마련이다. 대화를 이끌어 내려면 개방형 질문을 해야 한다.

"오늘 보고는 어땠어요?"

"무난하게 잘 마쳤습니다. 특별히 이번 프로젝트에 참여한 멤버들의 노고에 대해 사장님께서 특별 포상을 하라고 하셨고, 지속적인 관리를 위한 TFT를 구성하라는 말씀이 있으셨어요."

"다들 수고 많았고 오늘 저녁 소주 한잔합시다."

필자가 품질보증실에서 근무할 때의 일이다. 그 당시 품질보증실 장은 사람을 많이 편애했는데, 입사 2년 차의 김주임은 실장에게 한마디로 눈 밖에 난 사람이었다. 왜 실장의 눈 밖에 났는지 그 이유는 아무도 모른다. 그러던 어느 날 실장의 마음에 안 들었는지

"김 대리 머리는 그것밖에 안되나. 돌머리 아니야?"

이 한마디로 김주임은 자존감을 잃고 마음의 상처를 입었는지 얼마 지나지 않아 회사를 그만두고 말았다. 상대방에게 마음의 상처를 주는 말은 일체 지양해야 한다. 상처를 주는 말은 대화를 단절시키고 인간관계마저 단절시키는 주요요인이 되기 때문이다.

대화를 유지하고 관계를 증진시키려면

칭찬하는 질문

"이 보고서 김 대리가 작성한 것인가요?"

• 공감하는 질문

"내 생각은 이런데 당신 생각도 그렇다면서?"

• 감사하는 질문

"꽃다발을 받고 기분이 매우 좋았다네. 이 주임이 만든 건가?"

불안을 자신감으로
바꾸는 법

　소심하게 말하는 사람의 말이 신뢰감이 있는가? 아니면 자신감이 넘쳐흐르고 박력 있게 말하는 사람의 말이 신뢰감이 있는가? 말을 할 때는 자신 있는 어투로 말해야 상대방을 강하게 끌어들일 수 있다. 특히 상대방이 강하게 어필하는 상황에서는 소심하게 대응하기 마련이다. 그런데 이런 상황일수록 떳떳하고 자신 있게 말해야 상대방을 제압할 수 있다. 확신에 찬 말 한마디는 상대방을 압도할 수 있다.

　상대방을 설득하기 위해서는 온몸을 다해 불타는 투지와 강한 자신감을 보여주어야 한다. 의지가 굳은 사람의 말을 상대방은 신뢰를 하게 되어 있다. 신념에 차 있는 사람의 눈빛과 말투는 상대를 압도할 뿐만 아니라 상대를 단박에 제압할 수 있는 힘이 있다.

　"저는 확신합니다. 이번 프로젝트의 성공은 중국 신흥부자들의 관심을 한번에 끌어모을 수 있다고 확신합니다. 무엇보다 이번 프로젝트는 Customer Insight가 분명하게 파악되어 클라이언트의 니즈를 정확하게 충족시켜줄 수 있습니다."

언제나 자신 있는 말투로 자신의 의견을 피력한다면 누구라도 당신의 말에 호감을 느끼고 당신의 말에 귀를 기울일 것이다. 다른 사람의 호감과 도움을 얻으려면 자기 자신에 대한 강한 신념과 의지가 있어야 한다. 그러면 어떻게 하면 자신감을 얻을 수 있을까?

첫째, 자신의 마음속에 있는 자아비판 의식을 줄여라.

먼저 자신의 마음속에 자리하고 있는 자신에 대한 비판적 사고방식을 없애야 한다. 사람들은 실수를 하거나 일이 잘못된 결과를 낳을 때 "나는 왜 이것밖에 되지 않는 사람일까?" 또는 "나는 어떤 일도 할 수 없는 사람인가 봐" 하고 자신을 비하하는 경우가 있다. 자신이 언제나 실패하는 사람이 아니란 것을 명심해야 한다. 모든 사람이 모든 일에 성공하는 것은 아니다. 실패도 하고 좌절을 겪기도 한다. 실패하면 또 일어서면 된다.

둘째, 내적 동기부여를 강화한다.

동기부여는 어떤 자극을 통해 긍정적 반응을 나타내도록 하는 과정이다. 동기부여에는 다른 사람이 동기를 부여해주는 외적 동기부여와 자기 자신에게 자극을 주어 스스로 동기를 부여하는 내적 동기부여가 있다. 우리는 자기 자신에게 긍정적인 자극을 주어 동기를 부여하는 내적 동기부여를 자주 실행해야 한다.

셋째, 결단력 있는 사람이 되어라.

커뮤니케이션에서는 자주 의사결정을 해야 하는 경우가 있다. 즉 판단을 해야 하는 상황이 자주 발생한다. 판단을 요할 때 빠른 결단이 필요하다. 이 세상의 모든 일에 정답이 있는 것이 아니다. 최선의 답안이 있을 뿐이다. 어떤 결론이든지 상황에 따른 신속한 결단은 당신에게 신뢰감을 준다.

넷째, 과거를 잊어버려라.

자신감을 잃어버리는 가장 큰 요인은 과거의 실패 경험을 마음속에 남겨두는 일이다. 성공한 경험은 마음속에 남겨두되 나머지는 모두 잊어버려야 한다. 마음속에 남아 있는 슬픈 과거는 잊어버리고 긍정적 결과만 남겨 두어라.

다섯째, 자기 자신을 신뢰하라.

타인을 신뢰하는 것은 매우 중요한 일이다. 그러나 그에 앞서 타인을 신뢰하려면 먼저 자기 자신을 믿어야 한다. 자기 자신을 믿는다면 자신감의 50%는 확보한 것이나 다름없다. 자신감은 하고자 하는 강한 의지가 당신의 마음속에 숙주처럼 달라붙어 있는 것을 말한다. 성공의 시작은 자신 있는 대화에서 비롯된다는 것을 성공한 많은 사람들이 증명했다.

역대 대통령 중 가장 존경받는 인물이 누구냐는 질문에 국민의 84%(중복 응답)가 박정희 대통령이라고 꼽았다. 좀 진보적인 젊은 층에서도 고른 지지를 받은 인물이다. 역대 대통령 중 으뜸이다. 그를 정치적인 신념에서 싫어하는 사람도 물론 있다. 그러나 조국 근대화의 튼튼한 초석을 마련하고 먹고살 만한 환경을 만들어 주었다는 것은 역사적으로도 부인할 수 없는 사실이다. 근대화의 뿌리를 튼튼히 내릴 수 있었던 배경에는 경제개발 5개년계획이라든가 새마을 운동의 성공에 대한 자신감이 그에게 신앙처럼 존재했기 때문이다.

내가 연수원장으로 발령받은 뒤에 매주 월요일 회장님이 주최하시는 임원회의에 참석하게 되었다. 그런데 생산본부를 맡고 있는 김 전무는 회의 내내 고개를 떨구고 있는 것이 아닌가? 알고보니 평소 회장님을 몹시 두려워했다고 한다. 두려움은 자신감이 부족할 때 나타나는 현상이다.

그런데 어느 해 시무식 날 "저 친구 아직 근무하나?" 이 한마디로 그 전무는 회사를 떠나야 했다. 회사를 떠나게 된 가장 큰 원인은 자신감 없는 그의 태도 때문이었다.

07

스마트한
유머의 힘

　목사님과 스님, 신부님 중 누가 말을 가장 잘할까? 당연 목사님이다. 그런데 이 교회의 목사님은 말을 못하기로 유명하다. 그러던 어느 날 신자들이 감탄할 정도로 설교를 잘하신다. 하도 신기하여 목사님께 오늘 무슨 일이 있었느냐고 물어보니 특별한 일은 없었고 급하게 나오느라 자신의 틀니를 마누라 틀니로 바꾸어 끼고 왔다고 했다.

　60대, 70대, 80대 할아버지가 부인에게 구타를 당해 부인을 형사 고소하겠다고 병원에 진단서를 발급받으러 왔다. 의사가 왜 다쳤는지 문진을 하니 이들은 이렇게 대답했다.

　60대 할아버지: 집사람이 외출을 가길래 어디 가느냐고 물어보았다가 얻어맞았습니다.

70대 할아버지: 저녁 반찬은 무엇인지 물어보았다가 얻어맞았습니다.

80대 할아버지: 아침에 눈뜨고 일어났다고 얻어맞았습니다.

의사: ……

위트와 유머가 없는 강의를 들어본 적이 있는가? 그때 강의에 대한 느낌은 어땠나? 교육에 활력이 없고, 지루했던 경험이 있지 않은가?

필자가 알고 있는 교수님의 경험담이다. 어느 날 평소와 같이 모 회사에 출강을 하게 되었다. 그런데 갑자기 컴퓨터가 고장이 나서 일순간 강의장이 조용해지더니 갑자기 웅성거리는 소리가 들렸다. 부랴부랴 총무실에 연락을 하고 대기하고 있던 중 그 적막함이란 당해 보지 않은 사람은 알 수 없는 일이었다고 한다. 그때 교육담당자가 다가오더니 이렇게 이야기를 꺼내더란다.

"강사님! 당황스러우시죠. 제가 예전에 모 중견그룹의 비서실 채용면접 때 위기를 모면했던 경험담으로 합격했던 일을 말씀드릴게요. 그때 쟁쟁한 사람들이 면접을 보러 왔는데 한 명은 S대 영어영문학과 출신이었고, 한 명은 K대 경영학과를 졸업한 수제였어요."

S대 출신: 저는 영어뿐만 아니라 스페인어에도 능통하여 회장님이 해외출장 가실 때 통역을 해드릴 수 있어요.

K대 출신: 저는 비서학을 부전공으로 하여 내외부 고객에 대한 비서 서비스를 최고로 제공해드릴 수 있습니다.

그리고 저에게도 질문이 왔어요.

"특기가 무엇입니까?"

"네, 저는 서울대를 나왔는데 동쪽에 있는 서울대를 나왔어요. 저는 전 회사에 근무할 때 세무조사가 나온 적이 있는데 사장님을 몇 번 피신시켜 위기를 모면한 적이 있습니다. 그래서 세무조사가 나온다면 회장님을 잽싸게 피신시켜 드릴 수 있어요. 저는 그렇게 두 수재들과 함께 당당히 비서직에 채용된 적이 있습니다."

교육장은 웃음바다가 되었으며 교육담당자의 유머 있는 화술에 위기를 극복하고 그 사이 컴퓨터를 수리하고 교육을 무사히 마쳤다고 한다.

유머는 상대에게 긴장감을 풀어주고 자연스럽게 대화를 진행시키는 윤활유의 역할을 한다. 유머가 없는 대화는 사막에서 물 한 방울 없이 밤낮을 걷는 것과 같다.

적재적소에 스마트하게 유머를 구사하는 방법은 다음과 같다.

첫째, 유머 있는 사람들의 이야기를 많이 들어본다.

재미있게 강의를 하거나 이야기를 하는 사람들의 화술을 잘 살펴본다. 요즘 인터넷이 발달하여 위트 있는 사람들의 동영상이 많이 올라와 있다. 그들이 어떤 이야기를 할 때 청중들이 귀를 쫑긋하고 재미있게 경청하는지를 살펴보는 것이다.

둘째, 유머 있는 이야기를 메모하는 습관을 드려라.

재미있는 이야기가 있으면 곧바로 메모하는 것이 좋다. 시간이 지나면 곧 잊어버리기 때문에 즉시 메모해 둔다. 그리고 이것을 그대로 따라 해보는 것이다. 다른 사람에게 통한 유머는 내가 활용해도 통하게 되어 있다. 다른 사람의 유머에 내 아이디어를 추가하면 더 좋다. 자신의 가족도 좋고 동료들에게도 활용해보자.

셋째, 연습하고 또 연습하라.

'바나나가 웃으면 바나나킥'

'사과가 웃으면 풋사과'

'토끼가 오토바이 타고 가는데 호랑이 보고 타이거!'

이런 짧은 유머도 좋으니 입에 배이도록 끊임없이 연습해야 한다. 어떤 일이든 몸에 익숙해지려면 반복적으로 연습하는 것이 필요하다. 말의 속도, 억양, 표정 등을 거울이나 카메라를 보고 시연해 보아야 한다. 부족한 부분이 있다면 수정하고 또 연습해본다. 이렇게 지속적인 연습을 통하여 자기 것으로 완전하게 만들어야 한다. 이렇게 해야만 어떻게 말했을 때 사람들이 밝은 웃음을 보이는가를 알 수 있다. 유머란 누구의 마음에 상처를 주거나 빈정거리지 않고 남을 웃기는 지적 유희이다.

넷째, 유머는 때와 장소도 중요하다.

정치적 얘기를 할 때 비즈니스와 관련한 유머를 한다면 분위기만 썰렁해진다. 유머는 주제나 장소에 따라 상황에 맞는 유머를 해야 하며 장소에 따라서도 달리해야 한다. 이런 유머를 구사하는 것은 안

하니만 못하다.

"왜 중국의 이름이 차이나인지 아시나요?"
"왜 그렇죠?"
"미국이나 한국의 제품에 비해 품질에 차이가 나기 때문입니다."

－중국인들이 모인 자리에서

08
긍정적 피드백은
언어의 예술이다

"정 대리는 프레젠테이션도 잘하는군요."

이 한마디면 잠자는 열정도 벌떡 일어나게 만들지 않을까? 칭찬받
는 것을 싫어하는 사람이 이 세상에 존재할까? 긍정적 피드백은 칭찬
의 다른 말이다. 칭찬은 인간의 존재가치에 당위성을 부여해주는 촉
매제 역할을 한다. 그러면 어떻게 칭찬하면 좋을까?

1. 사람을 먼저 칭찬한 다음 사실을 칭찬한다.

사람 칭찬: 김 대리는 영리하고 아주 젠틀하며 매너가 좋습니다.

사실 칭찬: 김 대리는 영업전략기획수립 노하우가 대단하고 영업
매출도 서부지역 1위를 한 아주 뛰어난 세일즈맨입니다.

2. 칭찬은 구체적으로 나누어서 많이 칭찬한다.

칭찬은 두루뭉술하게 크게 한번 칭찬하는 것보다는 이를 작게 나누어서 구체적으로 많이 칭찬하는 것이 좋다. "당신은 시부모님께 참잘해서 고마워요"라고 칭찬하는 것보다는 "당신은 시부모님께 공손하고 늘 웃음으로 대하고 친절하게 대해주며~"와 같이 세부적으로 칭찬하는 것이 좋다.

3. 칭찬거리를 찾아야 한다.

칭찬할 것이 없다고? 칭찬하고 싶은 마음이 없는 것은 아닐까? 상대방을 잘 관찰하면 얼마든지 칭찬할 소재를 찾을 수 있다.

"소심한 사람입니다"보다는 "꼼꼼한 사람입니다!", "건방진 사람입니다!"보다는 "적극적인 사람입니다!", "간사한 사람입니다!"보다는 "영리한 사람입니다!"라고 칭찬해야 한다. 관점만 바꾸면 얼마든지 칭찬할 것이 있다.

4. 많은 사람들 앞에서 칭찬하라.

면대면으로 칭찬하면 오히려 많은 사람들 앞에서 칭찬하는 것보다 쑥스러워할 수 있고 칭찬의 효과도 반감될 수 있다. 따라서 아침 조회 시간이나 많은 사람이 모였을 때 칭찬하는 것이 좋다. 인간은 누구나 인정받고자 하는 욕구가 있기 때문이다.

5. 칭찬을 남발해서는 안 된다.

칭찬은 칭찬받을 만한 말이나 행동을 한 사람에게 부여하는 칭호이다. 겉치레 인사나 아부를 위한 칭찬은 칭찬이 아니다. 칭찬에는 '진실성'이 담겨 있어야 한다. 정말로 칭찬받을 만한 가치가 있는 사람에게만 칭찬을 하라는 것이다.

6. 칭찬은 타이밍에 맞아야 한다.

1/4분기 품질경영인 상을 받았는데 5월이 되서야 "김 대리, 지난 분기 품질경영인상 수상을 축하하네" 이렇게 시간이 한참 지난 후에 칭찬받는다면 느낌이 어떨까? '뭐지?' 이런 느낌이 아닐까?

7. 기분 좋게 지적하라.

발전적 피드백이란, 상대방에게 개선할 점이나 섭섭했던 점 등 내가 하고 싶은 말이 있을 때 상대방이 기분 나쁘지 않으면서 자신의 잘못을 깨닫게 하는 스킬을 말한다. 발전적 피드백은 나의 입장에서 상대방의 잘못된 말이나 행동을 지적한 후 나의 느낌과 바람을 전달하는 절차로 이루어진다. 그러나 발전적 피드백은 다음과 같은 이유로 생각보다 쉽지 않다.

• 거부당하지 않을까?

"선배님은 뭘 잘하시는데 저에게 훈계를 하시는 건가요?"
"김 과장님은 실수한 적 없으세요?"

• 무시당하지 않을까?

"저 바빠서 선배님 얘기 들을 시간이 없어요."

"이 대리님이 뭔데 저에게 피드백을 하시는 거죠?"

• 내용은 전달도 하지 못하고 감정만 상하는 것은 아닐까?

"이 대리가 반박하면 어떻게 하지?"

"당신이나 똑바로 하라고 하면 어쩌지?"

하지만 발전적 피드백은 보약과 같아서 어떤 경우라도 명확히 피드백을 해주는 것이 바람직하다. 위와 같은 이유로 피드백을 해야 할 시점에서 피드백을 하지 않는다면 문제는 더 확대된다. 그렇다면 기분 좋게 피드백하는 방법은 무엇일까?

상대방이 피드백을 받아들일 분위기를 조성한다.

발전적 피드백은 상대방의 마음을 상하게 할 가능성이 있다. 따라서 상대방이 피드백을 받아들일 수 있는 분위기를 조성해야 한다.

"조 과장, 시간 좀 되나? 4/4분기 실적과 관련해 할 말이 있는데 언제가 좋을까?"

"지금 괜찮습니다."

"조 과장이 열심히 일해서 3/4분기까지는 누구보다 높은 성과를 도출한 것에 대해 고맙게 생각해."

"무슨 하실 말씀이 있으신 거죠. 팀장님! 걱정 마시고 말씀해주세요."

↓

상대방의 잘못된 말이나 행동을 지적한다.

"김 대리는 매주 한 번은 지각을 하잖아."

"영업전략 보고서에 누락된 것이 많아."

↓

상대방의 잘못된 말이나 행동에 대한 나의 느낌을 진술한다.

"그래서 나는 화가 나고 답답해."

"이런 보고서를 보면 속상하고 화가 나."

↓

잘잘못을 묻는다.

매주 한 번씩 늦어서 화가 나는데 왜 늦는 것인지, 이런 습관이 개인 신상과 업무에 어떤 영향을 미치는지 묻는다.

↓

나의 바람을 기술한다.

"지각을 하지 않는 김 대리가 되었으면 좋겠어."

"그래서 김 과장이 조금 더 꼼꼼하게 보고서를 작성해주면 좋겠어."

↓

어떻게 할 것인가를 묻는다.

잘잘못을 말하고 느낌을 말했으니 어떻게 할 것인지 물어본다.

↓

지지해준다.

상대방이 해결방안에 대한 대답을 하면 이번에는 이를 지지해준다고 약속한다.

↓

지적 받은 뒤의 불쾌한 기분을 풀어준다.

"쌍둥이 출산으로 지각한다고 했는데 많이 힘들겠어."

"그래도 조금 더 힘내봅시다. 김 과장! 늘 성실했던 사람이잖아."

↓

칭찬으로 마무리한다.

"김 과장을 내가 항상 믿고 있다는 것 알지?"

쓴 것이 약이 된다는 말이 있다. 사람들은 보통 자신의 결점을 잘 알지 못하는 경우가 많다. 잘못인 줄 알면서 이를 고치지 못하는 경우는 많지 않다. 대부분의 경우는 자신의 잘못을 알지 못하기 때문에 개선하지 못하는 경우다. 또한 자기 자신을 평가할 때 객관적이지 못하고 주관적으로 평가한다. 이럴 때 나를 객관적인 시각으로 개선점을 찾아낼 수 있는 것은 타인으로부터의 피드백이다. 발전적 피드백을 할 때 주의할 점은 상대방의 마음을 다치게 할 우려가 있으니 반드시 긍정적 피드백을 함께 사용해야 한다는 것이다.

발전적 피드백은 관계지향적 대화(목적 - 관계 증진)로 시작해 사실지향적 대화(목적 - 정보 습득)로 넘어간 후 관계지향적 대화로 마무리하는 것이 좋다.

09
플러스가 되는 거짓말

모든 거짓말은 항상 나쁜 것일까? 모든 진실은 항상 통하는 것일까? 아니다. 이제까지 당신이 굳게 믿었던 진실과 거짓에 대한 생각은 틀릴 수도 있다. 때로는 진실보다 거짓말이 잘 통할 수 있다. 때때로 거짓말은 상대방의 자존감을 높여주기도 하고 갈등을 없애기도 하며 좋은 관계를 형성하도록 해준다.

그러면 진실은 영구적이고 거짓은 유통기한이 있는 것일까? 그렇지 않다. 진실 또한 영구적이지 않다. 순간에 사라질 수도 있다. 왜냐하면 진실이란 시간의 흐름에 따라 또는 사람의 관점이나 입장에 따라 바뀌기도 하기 때문이다. 상대방과의 관계를 증진하고 갈등을 해소할 수 있는 거짓이라면 우리가 말하는 진실보다 더 값진 진실이 될 수 있다.

"당신은 참 아름답습니다."

"정 대리는 일 처리가 참 신속한 사람입니다."

"당신에게 일을 맡기면 안심이 됩니다. 당신을 전적으로 믿어요."

"당신은 참 영리합니다."

"김 대리는 참 친절한 사람입니다."

"당신은 참 멋있는 사람입니다."

"조 차장은 일 처리가 깔끔한 사람입니다."

"이 대리는 프레젠테이션 능력이 참 탁월한 사람입니다."

"따님이 참 예쁘네요."

"김 팀장은 김 대리와 같은 직원이 있어 마음 든든하겠어요."

이러한 말들이 모두 진심일까? 물론 정말로 아름다운 사람을 보고 "당신은 참 예쁜 사람입니다"라고 진심을 말하는 경우도 있다. 그러나 대개는 100% 진심이 아니다. 이것을 우리는 선의의 거짓말이라고 한다. 상대방의 기분을 좋게 하는 것이라면, 말속에 악한 마음이 없는 것이라면 거짓말은 할 수 있는 것이다.

우리는 세상을 살아가면서 누구나 조금씩 거짓말을 하면서 살아간다. 거짓말을 전혀 하지 않고 세상을 살아가기란 정말 힘든 일이다.

3일이면 충분히 끝낼 수 일인데도 "1주일 정도 시간을 주셔야 보고서를 작성할 수 있습니다"라고 거짓말을 한 적이 없는가? 팀장의 의견과 상반되는데 "팀장님의 의견에 100% 공감합니다"라고 거짓말을 한 적이 없는가?"

이때 어떤 선택을 하든 결과에 큰 영향을 미치지 않는 경우에만 거짓말을 허용할 수 있다. 결과에 나쁜 영향을 미칠 정도의 거짓말은 해서는 안 된다. 우리가 불가피하게 거짓말을 해야 하는 상황이라면 가능한 한 상대방이 모르게 하는 것이 좋다. 따라서 거짓말이 발각되지 않도록 노력해야 한다. 거짓말에도 원칙이 있다.

1. 선의의 거짓말이어야 한다.

"당신은 참 예리한 사람입니다."

"아드님이 참 영특하게 생겼네요."

이런 말은 상대방이 거짓말인 줄 알면서도 기분이 좋아지는 거짓말이다. 이것은 관계지향적 대화의 일종이다. 관계지향적 대화는 사실지향적 대화와 달리 거짓이어도 상관이 없다.

2. 나쁜 결과를 초래해서는 안 된다.

아무리 악의 없는 거짓말이라도 결과가 바쁜 성과로 연결된다면 이는 지양해야 한다. 자원을 총동원하여 전력을 다해도 규모 자체가 100억 원을 넘지 못하는데 "150억 원 달성은 문제없습니다"라고 하는 것은 아무리 의욕을 앞세운 목표지만 나쁜 거짓말이다. 곧 들통이 나는 거짓말이다.

3. 반복적이어서는 안 된다.

이솝우화의 양치기 소년에서 "늑대가 나타났다. 늑대가 나타났다"라는 거짓말에 처음에는 늑대를 잡기 위해 마을 사람들이 모여들었지만, 거짓말이 반복되자 아무도 양치기를 도와주지 않았다. 직장생활에서도 한두 번의 거짓말은 웃고 넘어갈 수 있지만, 그러한 거짓말이 되풀이되면 아무도 상대해주지 않게 된다.

4. 진심이 바탕이 되어야 한다.

진심과 거짓은 완전히 다른 의미이긴 하지만 거짓말도 진심이 바탕이 되어야 한다. 진심 80%, 거짓 20%는 용인될 수 있어도 거짓 100%는 용인할 수 없다는 것이다.

우리 집사람의 음식 솜씨는 그다지 좋은 편이 아니다. 그러나 항상 맛있는 음식을 만들어 주었다고 칭찬한다. 이렇게 하니 식탁이 즐거워지고 집안에 웃음꽃이 핀다. 아내 자신도 음식 솜씨가 없다는것을 안다. 그래도 나의 칭찬 한마디에 즐거워한다.

10
기분이 좋을 때
부탁하라

"오늘은 도대체 되는 일이 없어."

"한두 번 야단맞는 것도 아니고~."

"진짜, 더러워서 직장 못 다니겠어."

"왜 그렇게 말씀이 많으신지. 답답해 죽겠어."

"왜 하는 일마다 요 모양인지 모르겠어."

이런 기분일 때 동료가 당신에게 부탁을 해온다. 당신은 흔쾌히 "Yes"라고 답할 수 있는가? 이런 때 부탁하면 될 일도 꼬여버린다. 상대방이 자신의 감정을 추스르기도 전에 부탁을 한다면 좋은 답변을 결코 얻을 수 없다.

반대로 상대가 아주 기분이 좋은 상태를 노려 부탁을 하면 대부분은 부탁을 거절하지 못한다. 아이가 재수해서 어렵게 대학에 입학한 친구에게 "친구! 둘째가 명문대에 진학했다며. 축하해. 한턱내야지"

라고 하면 기쁜 마음으로 술집으로 향하게 된다.

또한 늦둥이 아이가 태어나 걱정 반 기쁨 반인 부모에게 "축하합니다. 이번에 늦둥이를 위한 특별 교육보험이 출시되었는데 보험 하나 가입하시는 것이 어떻겠습니까?"라고 가입을 권유한다면 그 자리에서 "예, 좋습니다"라고 승낙해 줄 것이다. 늦둥이 아이를 위해서라면 무엇이라도 하겠다는 마음이 충만해 있을 테니까 말이다.

이처럼 누구나가 행복의 절정에 있을 때는 어떤 부탁도 들어주기 마련이다. 부모님이 돌아가셔서 슬픔에 잠긴 사람에게 "슬픈 일을 겪으셨다면서요. 이번 기회에 상조에 가입하시는 것은 어떻겠습니까? 혜택도 참 많습니다"라고 하면 백발백중 거절을 당할 것이 분명하다. 필요성은 절실히 느끼겠지만 아직 슬픔이 가시지 않는 상황이기 때문이다. 시간이 조금 더 흐른 후에 손주를 보았다거나 자제가 결혼을 하는 경우 등 적절한 때를 보아 부탁해야 한다.

뉴욕주립대에 의하면 행복한 기분에 젖어 있는 사람을 설득하는 것이 그렇지 않은 사람을 설득하는 것보다 2.5배나 용이하다는 것이 연구결과로 나타나고 있다. 슬픈 기분에 젖어 있는 사람보다 행복한 기분에 젖어 있는 사람이 다른 사람들의 소리에 더 긍정적으로 반응한다는 인간의 심리에 기인하는 것이라고 볼 수 있다.

힘든 과제를 끝내고 최종 승인을 받은 경우라든가 골치를 썩이던 고객과의 계약이 끝난 상황, 힘들게 진행했던 프로젝트가 끝난 상황 등에서도 부탁이 용이하다. 왜냐하면 어려운 일이 종료된 후에는 요청받은 제안서도 상대방의 입장에서 보면 어렵게 수행했겠구나 하는 동병상련의 마음이 있기 때문이다. 또한 심리적으로 홀가분하고 개운한 상태이기 때문에 가능하면 너그러운 마음으로 상대를 이해할 수 있기 때문이다.

직장생활을 하다 보면 가장 어려운 것 중의 하나이자 두려운 것 중의 하나가 바로 결재를 받는 것이다. 눈치 없는 동료들은 결재권자의 감정이나 상황 파악 없이 불쑥 결재판을 들고 들어간다. 결과는 뻔하다.

까다로운 팀장을 만나면 더욱 그렇다. 결재를 잘 받는 요령은 훌륭한 기획서를 만드는 것도 중요하지만 상사의 기분을 살펴 때를 맞춰 보고하는 것도 중요하다. 기분이 좋을 때는 결재서류에 하자가 있더라도 최소한 조건부 승인이라도 내려준다. 그러나 상사의 기분이 다운되어 있을 때는 고함소리와 함께 거절 딱지를 받게 마련이다. 물론 기분 좋을 때 부탁하는 것도 중요하지만 상대방의 기분을 좋게 만드는 것도 중요하다. 상대방의 기분이나 감정을 예리하게 파악하여 부탁 찬스를 포착하는 것이 중요하다.

"본부장님께서 팀장님 보고안이 참 명쾌하게 정리되었다는 말씀을 하셨어요."

"팀장님은 저의 롤모델이십니다."

"둘째 아드님이 S대에 합격했다고요. 축하드립니다."

이렇게 말한 후 부탁을 하면 백발백중 과녁을 맞출 수 있다.

11
처음 만나는 사람과의 대화법

처음 만나는 사람과는 어떻게 대화를 시작하면 좋을까? 첫 대면이라면 서로가 긴장하고 어색하기 마련이다. '그 사람의 인상은 어떨까?', '나와는 궁합이 맞는 사람일까?', '성격은 어떨까?' 첫 만남은 상대방에게 내가 어떤 사람인지 어필하는 동시에 상대방을 이해할 수 있는 첫 시도이다.

그러면 첫 만남은 어떻게 시작하는 것이 좋을까?

1. 예의 바르고 정중하게 인사한다.

첫 인상은 만난 지 4분 이내에 결정된다고 한다. 먼저 자신의 이름을 대고 인사부터 명함 전달까지 최대한 정중하게 상대를 대면해야 한다. 악수는 윗사람 및 여성이 먼저 청하는 경우에 하고, 허리는 45도 정도로 숙이며, 명함은 상대방이 볼 수 있는 방향으로 전달한다.

그리고 웃으면서 상대의 눈을 바라본다.

"처음 뵙겠습니다. 마케팅팀에 근무하는 조동식이라고 합니다. 잘 부탁합니다."

2. 목소리는 나지막하게 조용조용 말한다.

첫 만남부터 큰 목소리를 내면 위압감이 생길 수 있다. 큰 목소리를 가졌다 하더라도 목소리는 나지막이 조용조용 말한다. 나지막한 목소리는 권위가 있어 보인다. 첫 만남부터 오두방정을 떨며 큰 목소리로 떠드는 듯한 목소리를 내면 사람이 가벼워 보인다.

3. 긍정적인 말로 시작한다.

사전에 약속을 잡아 만나거나 예고 없이 만나게 되는 경우 둘 다 기본은 같다. 인사를 한 다음 긍정적인 말로 대화를 시작하는데 예를 들면 감사의 말, 칭찬의 말이 있다.

Worst: 바쁘신데 죄송합니다. 홍석만이라고 합니다.
Best: 만나 뵙게 되어 반갑습니다. 최석길이라고 합니다. 시간 내어 주셔서 감사합니다. 전화로만 인사드리고 직접 만나 뵈니 참 반갑습니다. 매번 빠른 답장 감사합니다. 또한 자료를 이해하기 쉽도록 작성해 주셔서 감사합니다. 잘 부탁드립니다.

처음 만나서 '죄송합니다'라고 하는 것은 바람직하지 않다. 무엇이 죄송하다는 말인가? 또한 '감사합니다'도 어떤 행동에 대한 감사인지를 명확히 해야 한다. 상대방이나 상대 회사에 대한 감사 인사도 잊지 않아야 한다. 상대방이 '나를 인정해 주었다'라고 생각하면 좋은 관계로 발전하는데 한걸음 다가설 수 있다. 칭찬은 가능한 한 구체적으로 하는 것이 좋다.

4. 상대와 상대의 회사에 대한 정보를 최대한 파악한다.

상대의 지인 및 회사의 홈페이지에 들어가 상대에 대한 정보를 최대한 파악한다. 또는 인터넷을 검색하여 정보를 수집한다.

5. 상대를 만나기 전에 무엇을 이야기할 것인지 미리 계획한다.

상대를 만난 후에 무엇을 이야기할 것인지 생각해서는 안 된다. 만나기 전에 무엇을 어떻게 말해야 할지 미리 생각한 후에 상대를 만나야 이야기가 술술 풀리게 된다. 미리 할 얘기를 준비하지 않고 만나면 주어진 시간을 효율적으로 활용할 수 없다.

6. 밝은 미소를 짓는다.

우리 속담에 '웃는 얼굴에 침 못 뱉는다', 중국 속담에 '웃지 않으려거든 장사를 하지 마라'는 말이 있다. 비즈니스든 친목 모임이든 상대방을 밝은 미소로 대한다면 첫 대면은 반쯤 성공했다고 할 수 있다.

7. 상대방의 성격 유형을 파악한다.

상대방의 말이나 제스처를 보면 행동 유형을 파악할 수 있다. 상대방의 성격과 행동 유형을 파악하면 상대방의 눈높이에 맞추어 맞춤식 대화가 가능해진다.

첫 만남이 잘 이루어지면 이후 관계는 자연스럽게 이어진다. 사람과의 관계가 좋아지면 일은 저절로 잘되게 마련이다.

발이 넓은 사람들의 특성을 살펴보면 이들은 한결같이 사람 관리를 잘하는 사람들이다. 세종대왕, 박정희 대통령, 이건희, 정몽구 등이 사람 관리에 집중한 사람들이다.

제6장

부와 성공아,
나를 따르라

초두효과를
극대화하라

초두효과(Primacy Effect)란 처음 입력된 정보가 나중에 습득하는 정보보다 더 강한 영향력을 발휘하는 것을 말한다. 만남에서 첫인상이 중요한 것과 마찬가지다. 미국 다트머스대의 심리·뇌 과학자인 폴 왈렌 교수의 연구에 따르면 '뇌의 편도체는 0.017초라는 짧은 순간에 상대방에 대한 호감과 신뢰 여부를 판단한다'고 한다. 이는 학습에서도 나타나는데 맨 앞부분에 제시된 항목이 나중이나 중간에 제시된 것보다 기억 흔적이 강하여 더 잘 인출되는 경향이 있다.

이러한 효과를 설득에서도 활용하면 좋다. 즉 상대가 가장 궁금해하는 것을 제일 먼저 이야기하는 것이다. 초두효과에 대한 가장 유명한 실험은 솔로먼 애쉬(Solomon Asch)의 실험이다. 애쉬는 실험 참가자들에게 성격이 동일한 가상의 인물인 앨런과 벤 두 사람에 대해 다음과 같이 설명한 후 그들의 성격이 어떠한지 질문했다.

엘렌: 영리하다 – 성실하다 – 충동적이다 – 비판적이다 – 고집스럽
다 – 질투심이 많다

벤: 질투심이 많다 – 고집스럽다 – 비판적이다 – 충동적이다 – 성실
하다 – 영리하다

그들은 엘렌과 벤에 대해 어떻게 생각했을까? 대부분의 실험 참가
자들이 벤보다 엘렌에 더 호감을 느꼈다. 두 사람에 대한 묘사를 보
면 성격상 다른 점이 없다. 다른 점이 있다면 평가 순서만 바뀌었을
뿐이다. 그런데 그 순서가 호감도를 결정해 버린 것이다. 엘렌은 처음
에 나온 '똑똑하다'라는 단어가 첫인상이 되어 매우 강력한 힘을 발
휘했고, 벤 또한 초두에 나온 '질투심이 많다'라는 묘사가 첫인상이
된 것이다. 결국 초두에 나온 단어가 우리들의 판단에 강한 영향력을
미친 것이다. 이것을 '초두효과'라고 한다.

초두효과에 대한 또 다른 사례를 보자. 김 대리와 이 대리가 동시
에 지각을 했다. 김 대리는 평소에 근면하고 성실하며 지적인 사람이
다. 반면 이 대리는 실수하는 일이 잦고 업무도 사람들로부터 신뢰를
받지 못하는 사람이다. 팀장과의 대화 내용을 살펴보자.

김 대리: 안녕하세요. 팀장님! 늦어서 죄송합니다.

이 대리: 안녕하세요. 팀장님! 늦어서 죄송합니다.

팀장: 이 대리 오늘 왜 늦었나요?

이 대리: 출근길에 교통사고가 나서요.

팀장: 어떻게 이 대리 출근길은 허구한 날 교통사고가 납니까? 툭
하면 변명이나 하고 쯧쯧쯧….

이 대리: …….

팀장: 김 대리! 어제 밤늦게까지 야근을 해서 피곤했나 보군요. 차
한잔합시다.

심리학 교수로 노벨 경제학상을 받은 대니얼 카너먼(Daniel Kahne-
man)도 초두효과에 연구하면서 혹시 자신도 이 효과에 영향을 받고
있는지 스스로를 점검했다. 그는 그 결과에 깜짝 놀랐다. 카너먼 교
수는 보통 학생별로 논문들을 모아 평가했는데, 첫 번째 논문에 좋은
점수를 주었다면 두 번째 논문에도 좋은 점수를 주는 비율이 현저히
높았던 것이다.

초두효과가 일어나는 현상은 인간의 정보처리 용량에는 한계가
있어 새로운 정보를 입력하지 않으려는 경향으로 첫인상을 다음 정
보 처리과정에서도 활용하려고 하는 본능 때문이다.

설득에서도 이러한 초두효과를 활용해야 한다. 상대가 궁금해하는
것을 가장 먼저 이야기하는 것이다. 여기에서 상대방의 말에 강한 인
상을 갖게 되는 것이고 이는 설득과 자연스럽게 연결되는 것이다.

잡코리아에서 직장인 822명을 대상으로 다음과 같은 설문조사를
실시했다.

"거래처나 동료와의 관계에 있어 첫인상이 유지되는 편입니까? 아
니면 일하면서 바뀌는 편입니까?" 그 결과 직장인의 63%가 유지된다

고 답변했다. 그러면 초두효과를 극대화하려면 어떻게 하면 좋을까?

옥스퍼드 행동심리 연구소에서 연구한 결과를 바탕으로 제시한 초두효과 극대화 방법이다.

- 앞자리보다 상대의 옆자리에 앉아라.
- 3-5-7법칙을 지켜라.
  3초 동안 부드러운 미소, 5초 동안 경청, 그리고 7가지 질문을 던져라.
- 힘찬 목소리로 발성하라.
- 단정하고 강렬한 인상을 만든다.
- 지적인 외모를 갖춘다.
- 눈에 힘을 주고 말하라.

어느 백화점을 가도 1층의 가장 노른자위 코너는 소위 명품 브랜드관으로 채워져 있다. 그중에서도 루이뷔통은 우리나라에서 가장 높은 지명도를 자랑하고 있다. 루이뷔통에서 생산하는 제품은 핸드백과 여행용 가방만이 아니다. 남녀 의류는 물론, 와인, 화장품, 보석, 신발, 시계까지 판매하고 있다. 가방을 제외한 나머지 패션 상품들은 비교적 신생 브랜드에 지나지 않는다. 그러나 와인, 신발, 시계 등도 높은 값에 불티나게 팔리고 있다. 이것은 가방이 가지고 있는 후광효과에 힘입은 것으로 루이뷔통 상표를 단 제품들은 프랑스 전통을 자랑하는 최고급 명품으로 평가받는 것이다.

명성을 얻은 기업들이 이렇듯 자사의 브랜드를 여러 가지 상품에 붙임으로써 사업 영역을 확장하는 이유는 단 한 가지이다. 소비자들에게 한번 신뢰를 쌓게 되면 어떤 상품을 생산하더라도 소비자들은 그 브랜드에 가산점을 주기 때문이다. 이런 식으로 한 가지 주된 특징에 대한 평가 때문에, 다른 모든 평가가 객관성을 잃고 채색되어버리는 것을 '후광 효과(Halo effect)'라고 한다.

세계적인 오케스트라 스태프들은 단원을 모집할 때 성별이나 인종 또는 외모가 그들의 판단력을 흐리게 만드는 것을 피하기 위해 지원자들의 연주를 천막 뒤에서 평가하기도 한다. 후광효과가 미치는 영향 때문이다.

〈궁금한 이야기 Y〉에서는 다음과 같은 실험을 했다. 도우미 1명에게 1차 실험은 평상복을 입히고 2차는 파일럿 복장을 입히고 실험을 했다. 도우미가 새로 뜨는 영어발음인 파푸아뉴기니식 영어와 비행 안전과 관련된 강의 시연을 보였다. 실험 참가자들은 평상복 차림의 도우미 이야기는 신뢰하지 않았지만 파일럿 복장을 한 도우미의 말은 신뢰하였다. 파일럿이라는 후광효과 때문에 나타난 현상이다.

이러한 후광효과는 단지 마케팅에서뿐만 아니라 실제의 대화 장면에서도 이를 연출할 수 있다. 여러분도 일상대화 속에서 의식하지 못했을 뿐 아무렇지도 않게 사용하고 있을 것이다.

"생물학의 국내 최고권위자이신 홍기문 박사의 말씀에 의하면"

"사장님께서 말씀하신 바로는~"

"박시연 박사의 연구결과에 의하면~"

"○○ 논문의 시험결과에 따르면~"

"부장님께서 지시한 바에 의하면~"

"○○ 대학의 종단연구결과에 의하면~"

"○○ 대학 출신의 조 박사가 말한 거니까."

"변호사 친구인 ○○○의 말에 의하면~"

"○○ 박사의 평론에 의하면~"

모두 권위적인 것을 배경으로 상대방에게 영향력을 행사하려고 하는 대화로 이는 후광효과를 활용한 화술의 한 종류라고 할 수 있다. 그런데 문제는 잘못 사용하면 자칫 상대방에게 불쾌감을 줄 수 있다는 것이다.

"당신은 툭 하면 왜 다른 사람들의 이름을 거명하는 거야? 당신이 생각하는 바는 도대체 뭐야? 당신 얘기를 듣고 싶다고!"

단도직입적으로 화두에 "사장님께서 말씀하신 바로는~"과 같이 말하면 사람들은 사장에게 아첨한다고 생각하거나 거드름을 피운다고 생각하기 마련이다. 이렇게 말하는 것보다는 "이번 Micom 기술 적용방안은 먼저 밥솥에 적용한 후 다른 분야에 적용하자는 것입니다. 사장님께서도 지난번 기술경영회의에서 이와 같은 말씀을 하신 것으로 알고 있습니다만~"과 같이 쿠션효과를 활용하는 것이다.

자신의 생각을 먼저 말한 다음 여기에 자신의 생각을 강조하기 위한 '덧붙여 말하기'로 후광효과를 활용하는 것이다. 이렇게 말해야만 상대방이 기분 상하지 않게 후광효과라는 최면화술에 넘어가게 된다. 인사고과를 평가할 때 고과자들은 어학능력이 뛰어난 사람들의 업적을 높게 평가하는 경향이 있다. 어학능력이 뛰어나면 업무성적도 뛰어날 것이라는 추측 때문이다. 이럴 때는 어학공부를 열심히 해야한다. 그래야만 높은 고과를 받을 수 있다.

이러한 후광효과를 극대화하기 위해서는 다음을 준비해야 한다.

· 자신의 지적 능력을 향상시킨다.

자신의 전문분야 하나만이라도 추종을 불허할 만큼의 역량을 확보해야 한다.

· 나 자신이 브랜드가 되어야 한다.

홍길동 하면 'Micro-Processor의 전문가'라는 이미지가 떠오를 수 있어야 한다.

· 클라이언트가 원하는 것, 좋아하는 것이 무엇인지 파악한다.

골프를 치지 않는 사람에게 골프공을 선물했다면 상대에게 선물을 하고도 좋은 인상을 줄 수 없다.

03 대화에는 여백이 필요하다

TV토론 프로그램을 보면 자기 혼자서 독불장군처럼 이야기하는 사람이 있다. 다른 토론자에게 일체의 말할 틈을 주지 않는 사람이 있다. 그런 토론자들이 있는 프로그램은 채널을 돌리기 십상이다. 여백이 없는 대화는 대화가 아니다. 청중을 무시한 일방적인 연설에 지나지 않는다.

아침마당의 MC이자 국내 최고의 명아나운서 이금희. 이금희 아나운서는 때론 자기주장을 하지만 언제나 상대의 말을 귀만이 아니라 온몸으로 듣는 듯한 인상을 주는 경청의 달인이다.

이금희의 화법은 스펀지 화법이다. 그녀는 마치 상대로부터 지식, 지혜뿐만이 아니라 감성이나 기분까지 다 빨아들일 듯한 느낌을 주며, 상대보다 한 템포 늦춰 말하면서도 자신이 할 이야기는 짧고 간단하게 모두 한다. 조용하면서도 차분한 진행은 많은 시청자들로부터 깊은 사랑을 받고 있으며 방송평론가 등 전문가들 역시 그녀의 진행을 노하우를 높이 평가하고 있다. 일방적으로 말하기보다 게스트들의 이야기가 돋보이도록 하는 진행자 역할에 더 충실하다. 그러기에 그녀의 목소리는 차분하면서도 듣는 사람에게 거부감을 주지 않는다. 또한 상대방이 질문에 대해 답변할 수 있는 충분한 시간을 배려한다.

파워포인트에는 가로, 세로에 일정한 간격의 여백이 필요하다. 여백이 없으면 살아있는 자료라고 말할 수 없다. 대화도 마찬가지다. 대화에 '쉼'이라는 여백이 없다면 살아있는 대화라고 할 수 없다. 글쓰기에도 쉼표가 있듯 대화에도 '쉼'이 있다. 대화가 계속 이어지지 않는다고 해서 대화가 끊긴 것이 아니다.

어떤 대화든 대화를 시작하기 전에 반드시 대화의 목적을 가지고 시작하기 마련이다. 친목을 도모하는 것이 목적이든 비즈니스에 목적이 있든 나름의 목적을 가지고 대화를 시작하지만 시간이 지나다 보면 목적을 잃고 횡설수설하여 무엇을 말하고 있는지 알 수 없는 지경이 되는 경우가 종종 발생한다. 쓸데없는 말만 늘어놓는 자신을 발견하게 된다. 이런 때는 하던 말을 잠시 멈추고 생각을 정리한 다음 말을 이어가는 것이 좋다. 한결 같은 말의 속도와 음성의 높낮이로 말하는 것보다는 적당한 여백을 두고 대화를 이어가는 것이 더 효과적이다.

말을 듣는 사람 또한 생각을 정리하는 시간이 필요하다. 특히 답변을 요구받거나 판단이 필요한 때에는 충분히 생각할 여백이 필요하다. 여백이 없으면 답변을 종용하는 듯한 뉘앙스가 있어 대화의 맥을 끊어 놓는 경우가 많다.

여백(쉼)과 침묵은 다르다. 침묵은 대화의 분위기를 차갑게 만들지만 여백은 대화의 분위기를 생기 있게 만든다.

"김 대리, 이번 냉장고 모터 개선방안에서 FMEA가 왜 누락되었지?"

"……."

"왜 대답을 못하는 건가?"

"……."

이와 같은 대화는 침묵이다. 침묵은 또 다른 침묵을 낳고 대화의 맥을 끊어버린다. 이야깃거리가 없어서 어색한 침묵의 시간만 흐르는 것이다. 이 침묵의 시간은 두 사람 모두에게 두려움을 준다.

반면 여백이 있으면 다음과 같이 이어질 수 있다.

"김 대리, 이번 냉장고 모터 개선방안에 FMEA가 포함되어 있지."

"네, Design FMEA가 핵심방안으로 검토되고 있습니다."

"맞아, 음… Design FMEA의 의미와 핵심방안에 대해 설명 좀 해줄 수 있나?"

"네, Design FMEA란~"

그러면 이와 같은 여백의 힘을 잘 살리기 위해선 어떻게 하면 좋을까? 상대방의 이야기를 잘 경청하고, 여백의 의미가 무엇인지 파악하면서 이야기를 들어야 한다. 여백은 상대방이 생각할 시간을 주기 위한 '쉼', 말하는 사람이 생각할 시간을 벌기 위한 '쉼', 확인을 하기 위한 '쉼', 여운을 남기기 위한 '쉼' 등이 있다. 이와 같이 여백이 주는 의미를 생각하면서 '쉼'을 해야 한다.

산을 오를 때도 중간중간 휴식을 취하면서 등산을 해야 무리 없이 정상까지 오를 수 있다. 이렇게 해야 몸에 무리도 없이 즐겁게 산행을 할 수 있는 것이다. 대화도 이와 마찬가지이다.

04
질문은
대화의 연결통로이다

　질문은 대화에 있어 윤활유와 같은 역할을 하고 대화가 자연스럽게 연결될 수 있도록 하는 통로이다. 질문만 잘해도 대화가 활기를 띠고 탄력을 받는다.

　"저는 IMF 때 하던 사업이 부도가 나 풍비박산이 나 버렸어요. 가족들과도 생이별을 하는 아픔을 겪어야 했습니다. 다행히 지금은 가족도 다시 찾고 아이들도 건강하게 자라 주었습니다."

　"아~ 네, 그러셨군요. 많이 힘드셨겠어요."

　이렇게 반응하면 대화는 더 이상 진전이 없다. 여기에서 대화는 끝나버린다. 이런 경우에는 이렇게 질문하면 된다.

　"아~ 네, 많이 힘드셨겠군요. 그러한 환경에서는 대부분의 사람들이 포기하기 마련인데 어떻게 역경을 극복하셨나요?"

이 질문 하나면 대화가 술술 풀리게 마련이다. 상대방의 속마음은 어려웠던 환경을 극복했던 과정 하나하나를 들어주기를 바라는 마음이 있는 것이다. 이처럼 상대방이 말하고 싶은 바를 빨리 알아차려서 그 이야기를 할 수 있는 질문으로 대화의 물꼬를 트면 대화의 폭은 한층 넓어진다.

질문도 대화에 활력을 불어넣는 질문이 있는가 하면 이와 정반대로 대화에 찬물을 끼얹는 질문이 있다.

"제 생각으로는 Sequence 제어방식이 가장 합리적이라고 생각합니다."

"Sequence 제어방식이요? 그게 언제적 방식입니까? 아직도 Sequence 제어 운운하는 사람이 있나요?"

이런 질문은 대화를 단절시키고 만다. 한마디로 말문을 막히게 하는 질문이다. 그러면 어떻게 하면 대화에 활기를 불어넣는 질문이 될까?

1. 짧게 묻는 것이 핵심이다.

질문의 문장이 길어지면 도대체 무엇을 질문하고자 하는 것인지 상대방이 알 수 없게 된다. 짧게 질문했을 때 질문의 의도가 분명해진다. 육하원칙(누가, 언제, 어디서, 무엇을, 어떻게, 왜)에 따라 질문해야 한다. 육하원칙에 따라 질문을 하게 되면 질문의 요점이 명확해질 뿐만 아니라 대화의 폭도 넓어지는 계기가 된다. 그리고 듣고 싶은 답변을 명확히 들을 수 있다.

2. 상대방의 관점에서 질문해야 한다.

상대방이 관심을 가지고 있는 것을 질문해야 한다. 더 나아가 상대방의 문제해결을 위한 질문을 해야 한다. 상대방의 관점에서 질문하지 않으면 나의 문제도 해결할 수 없다. 대화를 한다는 것 자체가 쌍방 간에 존재하고 있는 문제를 해결하고자 하는 경우가 많기 때문이다.

3. 먼저 관계지향적 질문으로 대화를 시작하라.

대화의 종류에는 관계지향적 대화와 사실지향적 대화가 있는데 대화의 물꼬는 관계지향적 대화로 시작하는 것이 좋다.

- 관계지향적 질문 – 나이보다 젊어 보이시는데 무슨 비결이라도 있으신가요?
- 사실지향적 질문 – 지난달 실적이 얼마인가요?

사실지향적 대화로 시작하면 상대방은 심히 당황스러워하게 마련이다. 아무리 대화의 목적이 사실지향적 대화를 위한 것이라도 이런 질문을 먼저 하게 되면 대화가 자연스럽게 시작되지 않는다. 따라서 관계지향적 질문을 한 후 대화의 분위기가 조성되면 사실지향적 대화로 옮겨가야 한다. 그리고 대화의 마무리 또한 관계지향적 대화로 마무리해야 한다.

"예리한 답변이신데 무슨 비결이라도 있으신 건가요?"

4. 개방형 질문을 자주 사용하라.

앞서 질문의 유형에는 개방형 질문과 폐쇄형 질문이 있다고 했다. 폐쇄형 질문은 몇 가지 예시 중 하나를 답하도록 하는 질문을 말한다.

"아침 먹었니?"

"네."

"학교는 다녀왔니?"

"아니오."

이런 폐쇄형 질문은 대화를 단절시키는 주요 원인이 된다. 따라서 반드시 상대방이 어떤 선택을 해야 하는 상황이 아니라면 폐쇄형 질문은 지양하는 것이 좋다. 가능한 한 다음과 같은 개방형 질문을 해야만 대화의 연속성을 도모할 수 있다.

"이번 여행지는 어디로 하면 좋을까?"

"저는 싱가포르요. 아빠는요?"

"나는 태국."

"그러면 엄마는요?"

"나도 싱가포르."

"그럼 싱가포르로 합시다."

"그러면 언제 출발하면 좋을까?"

"학교 시험이 끝나는 5월 초가 저는 좋아요."

"그래, 그럼 5월 초로 예약 할게."

이 밖에도 질문의 유형에는 긍정형 질문, 부정형 질문, 미래형 질문, 과거형 질문, 관점을 바꾸는 질문 등이 있다.

05
내 말투를
점검하라

'명령'이라는 단어를 들으면 듣는 순간 기분이 어떠한가? 거부감이 들지 않는가? 일방적으로 상대의 지시에 따라 자신의 생각은 전혀 반영할 수 없고 무조건 따라야 한다는 일방통행식 전달이기 때문이다. 명령이란 단어는 특수한 분야에서만 사용할 수 있는 단어이다. 법원에서 빚을 갚지 않는 채무자에게 지급명령을 하거나, 군대에서 전투 중에 돌격명령을 할 때 이외에는 가급적 사용해서는 안 되는 단어이다. 그런데 우리 주위를 살펴보면 비즈니스에서도 명령을 밥 먹듯 하는 사람들이 있다. 이런 사람의 주변에는 사람들이 모이지 않는다는 사실을 명심해야 한다.

똑같은 이야기라 할지라도 어떻게 전달하느냐에 따라 완전히 다른 결과를 낳는다. 같은 말이라도 말투에 따라 상대방이 받아들이는 기분은 달라진다. 말을 걸면 상대방은 반응을 나타내기 마련이다. 미소를 지을 수도 있고 불쾌한 표정을 지을 수도 있다. 밝은 모습을 지을 수도 있고 불쾌한 기분을 보일 수도 있다.

공손한 말투를 보이면 상대방은 밝고 명랑한 모습을 보이고, 무뚝뚝하게 명령이나 지시하는 것처럼 말하면 무심한 반응을 보이게 된다. 아무리 청산유수와 같은 말을 쏟아낸다고 하더라도 말투가 공손하지 못하면 말은 어눌하지만 공손하게 말하는 사람보다 전달력이 떨어진다.

"김 대리, 7월 마케팅전략 보고서를 내일 오전까지 작성하여 제출하세요."

"이 차장, 기술전략 보고 내용이 엉망입니다. 다시 보고하세요."

"이 방법은 엉터리 방법이에요. 다른 방안을 작성해 주세요."

이렇게 명령을 하거나 지시하는 말투는 바람직하지 못하다.

명령형	권유형
R&D전략 보고서를 다시 작성하세요.	R&D전략 보고서를 다른 관점에서 다시 작성해보는 것은 어떨까요?
이 방법이 최선의 방법이라고 생각하세요? 다시 작성하세요.	다른 방법이 없는지 조금 더 고민해보는 것이 어떨까요?
이런 엉터리 방안이 어디 있어요? 내일 아침까지 다시 작성해 보고하세요.	이 방안은 다시 수립해보는 게 어떨까요? 언제까지 가능한가요?

말투는 교양이다. 통명하게 말을 툭툭 내뱉거나 마치 하인을 다루듯 명령하는 말투로는 사람들의 마음을 끌지 못한다. 명령이나 지시

형의 말투는 권유형으로 바꾸면 훨씬 부드럽다.

가능한 한 명령형은 권유형으로 바꾸면 조금 더 공손한 말투가 된다. 물론 명령형이 바람직할 때도 있다.

• 위험에 처해 있을 때

뜨거우니까 손대지 마라.

• 긴급한 상황일 때

고객의 주문요청 시간이 내일 오전까지니까 그때까지 납품을 완료해 주세요.

• 속도가 중요한 가치로 인정받는 상황일 때

내일 오전까지 중국 진출 보고서 작성해 주세요.

대화를 할 때는 자신의 말투를 항상 점검하는 것이 중요하다. 말투는 버릇이 되어버리면 고치기 어렵다.

말투는 공손해야 한다. 명령하는 어투가 아니라 권유나 부탁하는 어조로 말투를 바꾸어야 한다. 말투는 목소리의 좋고 나쁨으로 결정되는 것이 아니라 마음과 습관으로 결정되는 것이다. 올바른 마음의 자세를 가져야 좋은 말이 나온다. 마음은 공손한 태도를 보이지 않으면서 말로만 공손하게 상대를 대한다면 상대방은 이를 금방 알아차리기 마련이다.

06 거부당하는 것을 두려워하지 마라

고려는 거란이 고려를 침략하지 말 것을 요청했다. 이에 거란은 고려의 제안을 거부한다. 그리고 933년 고려를 침공한다. 그러나 고려의 서희는 거란의 거부에 두려움을 이겨내고 역사적 담판을 하기에 이른다. 서희는 "우리나라는 고구려를 옛 터전으로 했으므로 고려라 이름하고 평양을 도읍으로 한 것이다. 만일 지계(地界)로 논한다면 상국(上國)의 동경(東京)도 모두 우리 영역 안에 있는 셈인데 어찌 침식했다고 할 수 있겠는가. 압록강 안팎도 역시 우리 경내였는데, 여진이 길목에 자리를 잡고 있어 그곳에 가는 것이 바다를 건너는 것보다 어렵다. 조빙을 통하지 못한 것은 여진 때문이다. 만약 여진을 쫓아내고 우리의 옛 땅을 되찾아 성보(城堡)를 쌓고 길이 통하게 된다면 감히 조빙을 닦지 않겠는가?"라고 답변했다.

서희의 당당하고 조리 있는 변론을 들은 소손녕은 군사를 돌리고, 약속대로 고려가 압록강 동쪽 280리의 땅을 개척하는 데도 동의해 강동 6주를 개척할 수 있게 되었다. 강국의 협박을 두려워하지 않고 오히려 대담한 담판을 통하여 영토를 확장할 수 있었던 것이다.

당신은 누군가에게 대화 도중 거부당한 경험이 있는가? 생각보다 많지 않을까 싶다. 열심히 열변을 토하고 있는데 상대방이 시계만 자꾸 쳐다본다. 이것도 상대가 나를 거부한다는 반응이다. 또는 대화 중 정중하게 양해를 구하면서 자리를 뜨는 경우도 있는데 이것 또한 나와 대화를 이어가고 싶지 않다는 반응이다.

"이 기술은 MIT에서 개발된 것으로 이미 선진국에서는~."

"제가 다른 선약이 있어서……."

이런 상황에서는 달리 방도가 없다. 상대방에게 거부당하는 일은 자존심이 매우 상하는 일이다. 더군다나 많은 사람들 앞에서 "말도 안 되는 말씀을 하시는 것 아닙니까?"라고 거부당했을 때의 모욕감은 견디기 힘들다.

하지만 그렇다고 해서 자신을 스스로 비하하기까지 한다면 이는 매우 심각한 문제다.

"난 참 재미없는 사람이야. 말주변도 없고. 그래서 사람들이 나와의 대화를 거부하는 것이 아닐까? 나는 뭘 해도 안 되는 사람이야."

이쯤 되면 최악의 상황이다. 이런 상황이 되었을 때 가장 먼저 해야 할 일은 무엇일까?

1. 자신의 마음을 가다듬는다.

대화를 거절당했던 때를 떠올려보면서 "상대방을 잘못 만났으니 발생한 일이야. 또는 항상 대화를 거부당하지 않는 것을 보면 나에게 꼭 문제가 있는 것은 아닐 거야"라고 자기 위안을 해본다.

2. 당황하지 않는다.

대화에서 거부를 당하면 얼굴을 붉으락푸르락하게 되는 경우가 많다. 그러나 이렇게 당황해서는 안 된다. 이런 대응 자세를 취한다면 대화는 단절되고 만다. 당황하게 되면 이런 상황이 트라우마가 되어 다음 대화에도 나쁜 영향을 미치게 된다. 이렇게 대응하면 상대방 또한 당황하게 마련이다.

3. 수치심을 갖지 않는다.

서로의 생각이 다르면 누구나 거절당할 수 있다. 내 제안이 잘못된 것이 아니다. 제안내용이 잘못된 것이 아니라 상대방의 생각과 다르기 때문에 거절당한 것이기 때문에 수치심을 가질 필요가 없다.

4. 상대방과 조금 더 많은 대화를 시도해본다.

처음 만난 사람일 경우 나를 이해하지 못하는 데서 오해가 발생해 대화를 거부하는 경우도 종종 발생한다. 지속적으로 대화를 시도하여 나의 성격, 나의 자질, 내가 수행하는 업무, 비즈니스상의 애로사항 등 상대방이 나를 조금 더 많이 이해할 수 있도록 개방적인 자세를 가진다.

5. 진실된 마음을 지속적으로 보여준다.

몇몇 사람들은 계속해서 대화를 거절할지도 모른다. 그러나 포기해서는 안 된다. 이 세상에 나쁜 사람은 없다. 당신이 진실된 마음을 상대에게 지속적으로 전달한다면 상대는 당신의 이야기에 귀 기울일 것이다.

6. 대화에 자신감을 갖는다.

당신이 대화에 있어 항상 거부당한 것이 아니라면 대화에서 성공하였을 때를 떠올려본다. 그때 나의 말투, 억양, 제스처, 태도 등을 곰곰이 생각해 보면 거기에 답이 있다. 만일 한 번 성공했던 경험을 반복했을 때 또다시 성공한다면 그것이 바로 답이다. 한 번 성공하면 성공을 거듭할수록 성공 체험이 당신의 마음속에 들어올 것이고 힘겹게 참아왔던 수모의 순간도 희미해질 것이다.

7. 품위를 잃지 마라.

거절을 당하게 되면 감정적으로 상대를 대하게 된다. 어떤 경우라도 자신의 품위를 잃지 말아야 한다. 오히려 당당하게 상대방에게 더 가까이 다가서야 한다. 그것이 발 빠르게 거절의 수치심에서 벗어나는 것이다.

무엇보다 중요한 것은 한번 거절당했다고 포기하지 말라는 것이다. 도전하고 도전 또 도전하라.

필자도 고객사에 교육 제안서를 보내는 경우가 있는데 대부분 거절당한다. 그러나 포기하지 않는다. 계속 도전하면 나의 제안을 받아들이는 고객사가 있다는 것을 잘 알고 있기 때문이다.

07
자신의 단점은
말하지 마라

처음 사람을 만났는 데도 자신의 약점이나 치부를 자랑스럽게 떠들어대는 사람이 있다. 누가 "당신의 약점은 무엇입니까?"라고 물어보는 사람이 있는가? 설령 그러한 사람이 있다고 해도 자신의 부정적인 약점이나 단점에 대해 이야기해서는 안 된다. 물어보지도 않았는데 자질구레한 실패담이나 부끄러운 경험담을 흉허물 없이 나눈다는 것은 자신의 체면을 구기는 일임과 동시에 상대로 하여금 자신을 비하시키는 단초를 제공하는 것이다.

누가 고해성사를 원하는가? 아무도 원치 않는다. 만약 당신이 셀프리더십 과정에 입소하여 강사로부터 "자신의 약점이 무엇인지 기술해보세요"라는 지시를 받지 않는 한 자신의 약점을 스스로 들춰낼 필요는 없다.

피면접자: 저는 3년 전 지역마케팅 전략을 수립하여 실행한 적이 있었는데 오히려 매출이 줄어들어 경영자분들로부터 심한 질책을 받은 적이 있습니다.

면접관: 그래서 어떻게 되었나요?

피면접자: 전력량계사업부의 당해 연도 실적이 바닥을 쳤었습니다.

면접관: 그 후 직장생활은 어떠셨나요?

피면접자: 회사를 떠나야만 했습니다.

이렇게 자신의 치부를 드러내어 당신이 얻을 수 있는 이익이 무엇인가? 당신이 하는 말이나 행동에 따라 이미지가 결정된다, 누구나 긍정적이고 자신감 있고 열정적인 사람과 교류하고 싶어 한다. 그런 사람을 만났다는 자부심을 갖는다.

예를 들어 당신이 보험영업을 한다고 가정해보자.

"남편이 구치소에 들어가 돈 버는 사람이 없고, 아이들이 크다 보니 경제적으로 매우 힘이 듭니다. 실손보험 하나 들어주셨으면 합니다."

이렇게 말해서 고객이 보험을 하나 들어주었다고 치자. 그런데 그런 계약은 중간에 해약하기 마련이다. 또한 그 고객에게 정말로 보험이 필요할 때 당신을 찾겠는가?

상대방에게 좋은 이미지를 심어주기 위해서는

1. 자신에 대한 장점을 행동으로 보여주어라.

자신의 장점을 지나치게 표현하면 자칫 당신이 이기적인 사람으로 비춰질 수 있다.너무 뽐내지 말고 자신의 장점을 겸손하면서도 당당하게 표현하라. 가능하면 자신의 장점은 말로 표현하는 것보다는 행동으로 보여주어야 한다.

2. 신뢰감을 제공하라.

신뢰는 좋은 이미지를 심어주는 가장 중요한 요건이다. 신뢰는 상호존중과 책임감을 바탕으로 이루어진다. 상대를 존중하고 자신에 대한 책임 또는 동료들에 대한 책임을 명확히 할 때 신뢰감은 조성된다.

3. 자신을 가꾸어라.

외적인 이미지도 상대방에게 긍정적인 신호를 보내는데 중요한 역할을 한다. 당신이 외형적으로 잘생긴 사람이 아니더라도 자신을 가꾸는 사람이라면 사람들은 더 많이 다가올 것이다. 외모에서 풍기는 느낌도 중요하다. 자신의 장점을 드러내놓고 뽐내는 것도 좋은 것은 아니지만, 자신을 폄하하는 것은 범죄다.

4. 약점을 극복하는 모습을 보여주어라.

이라크전에 미군 헬기 조종사로 참전했다가 두 다리를 잃은 태미 덕워스 전 국가보훈처 차관보가 시카고 마라톤 대회에 참가했다. 일간 〈시카고 트리뷴〉은 덕워스 전 차관보가 시카고 마라톤에 손으로 굴리는 자전거를 타고 참가하기 위해 매일 시카고 교외의 공원에서 맹연습 중이라고 보도했다. 태국 방콕에서 출생한 중국계 혼혈인 덕워스는 2004년 여성 최초이자 아시아계 최초의 미 육군 헬기 편대장으로 이라크전에 참전 UH-60 블랙호크 헬기를 조종했다. 그해 말 이라크 군의 로켓추진수류탄(RPG) 공격을 받고 추락해 두 다리를 모두 잃고 오른팔에 치명적인 장애를 입었다.

덕워스는 부상 이후 지금까지 손 자전거로 시카고 마라톤 대회에 두 번 참가해 전 구간을 완주했다. 수영, 서핑, 스카이다이빙을 즐기는 그녀는 "스킨 스쿠버 다이빙 자격증을 다시 따기 위한 훈련도 하고, 부상 이후 더 많은 스포츠에 도전하게 됐다"고 말했다. 덕워스는 지난해 고정익 항공기 조종사 자격증을 따내 많은 사람에게 감동을 줬다.

대부분의 사람들은 태미 덕워스와 같은 상황에 놓이게 되면 용기를 잃고 좌절하기 마련이다. 하지만 태미 덕워스는 용기를 잃지 않고 오히려 더 도전적인 자세로 자신의 삶에 주인공이 되어 열정을 다하고 있다. 덕워스는 자신의 약점을 열정이라는 강점으로 굴복시킨 것이다. 약점을 극복하려는 노력은 다른 사람들에게 좋은 인상으로 남기 마련이다.

08
잘못한 점이 있으면
솔직히 인정하라

자신의 잘못을 인정하는 것은 자신에 대한 새로운 정보를 얻는 것이다. 그동안 자기 자신도 몰랐던 잘못을 알 수 있기 때문이다. 만일 자신의 그릇된 점이 발견되면 즉시 인정하라. 아울러 자신의 잘못으로 인해 상대방에게 상처를 주었다면 사과도 잊지 말아야 한다.

보통 사람들은 자신의 잘못을 발견하고도 이를 변명으로 일관하는 경우가 있는데 이런 변명은 자기 자신을 더 깊숙한 궁지로 몰아넣는 것이 된다. 잘못한 점이나 실수에 대해 그 이유를 대면 변명을 위한 변명이 되고 만다. 변명은 또 다른 변명을 낳게 된다.

"무단결근을 한 이유가 뭐죠?"

"허리가 아파서요."

"어제저녁만 해도 괜찮았잖아요. 이 대리와 밤늦게까지 술도 마셨다며?"

"과음해서 늦은 것은 아니고? 저어……그게……."

변명을 하게 되면 억양, 표정, 말투에 그 모습이 모두 나타나게 된다. 이 세상에 실수나 잘못을 하지 않는 사람은 없다. 중요한 점은 잘못을 했을 때 그것을 인정하고 다시는 똑같은 일이 되풀이되게 하지 않는 것이다. 잘못을 인정하지 않고 또다시 잘못을 저질렀을 때 그 잘못이 얼마나 잘못된 것인지 모르게 된다.

변명을 늘어놓으면 늘어놓을수록 과실은 점점 커져 어떻게 조치할 수 없는 지경까지 이르게 된다.

"제가 잘못했습니다."

상대는 변명을 늘어놓는 것보다는 이렇게 자신의 실수를 인정했을 때 더 큰 호감을 갖게 된다.

"제가 실수했습니다. 용서하십시오. 다시는 이런 일이 없도록 하겠습니다."

이렇게 자기 자신의 잘못을 인정하고 사과하는 것이 인간관계를 형성하는데 얼마나 중요한지, 이것이 오히려 자신의 자존심을 살리는 일인지 모르는 사람이 생각보다 많다.

보통 사람들은 자신의 잘못을 만회하기 위해 변명에 변명을 늘어놓는다. 하지만 상대는 한눈에 척하고 알아본다. 변명처럼 보인다는 것은 상대방의 변명을 진실로 받아들이지 않는다는 뜻이다.

잘못을 인정하지 않더라도 자기 자신은 누구보다 이것이 변명이란 것을 잘 알고 있다. 그래서 이미 자신의 자존심은 변명으로 무너지게 된다. 무너진 자존심을 하루빨리 회복하는 일은 자기 자신의 잘못을 인정하고 사과하는 것이다. 인정과 사과가 빠르면 빠를수록 무너진 자존심의 회복이 빨라진다.

"그럴 수도 있지요. 뭐 그런 것을 가지고 따지시나요?"

이런 태도를 가진다면 "뭐 저런 친구가 다 있어? 상종하기 어려운 친구군" 하고 많은 사람들이 등을 돌릴 것이다. 한마디의 인정과 사과면 충분하다. 자신의 실수를 인정하고 사과하는 사람은 존경하지만, 변명만 늘어놓는 사람은 경멸하게 된다.

잘못을 인정하는 것은 그동안 자신도 몰랐던 자신에 대한 정보를 얻는 기회가 되는 것이다. 잘못을 인정하는 것은 자신의 체면을 구기는 일이 절대 아니다. 자신의 자존심을 지켜주는 등불과 같은 것이다.

특히 상사의 입장에서는 자신의 잘못이나 실수를 부하들에게 드러내지 않으려는 경향이 있다. 그러나 상대가 누구든지 사과할 일이 있으면 정중하게 사과해야 한다. 타인의 실수에 대해서는 엄격하고 자신의 실수에 대해서는 관대하다면 누가 그를 믿고 따르겠는가?

09

겉모습은
첫인상의 결정타다

　주요 기업의 채용담당자와 면접관들은 수많은 면접경험을 통해 첫인상을 보면 상대방에 대해 대강의 성격이나 특징을 짐작할 수 있다고 한다. 연구기관과 학자에 따라 다소 차이가 있기는 하지만 하버드대학의 연구에 따르면 '첫인상 5초의 법칙'이 있어, 5초 안에 처음 보는 사람에 대한 첫인상이 결정된다고 한다. 첫인상이 미치는 영향은 매우 중요하다. 실제 면접관들이 느끼는 첫인상의 정확성을 떠나서 그만큼 첫인상이 면접에 있어 중요하고, 지원자의 당락을 결정짓는 매우 중요한 요소임을 알 수 있다.

　첫인상은 비단 면접에서뿐만 아니라 모든 대인관계나 비즈니스의 장면에서 큰 영향력을 발휘한다. 그러면 첫인상을 결정짓는 요소는 무엇일까? 연구에 의하면 첫인상은 외모에 의해서 80%가 결정되고, 목소리와 인성은 20%가 되지 않는다고 한다. 연구결과에서 알 수 있듯이 첫인상에서 외모가 차지하는 비중은 매우 크다. 외모가 첫인상을 결정한다고 해도 과언이 아니다. 외모는 타고나는 것이 아니라 노력에 의해 만들어지는 것이다.

연구결과와 같이 상대방은 당신이 하는 말만 듣고 당신에 대해 결정하는 것이 아니다. 당신의 어투뿐만 아니라 표정과 예의, 옷매무새 등 겉모습을 보고 판단한다는 것이다.

밝은 표정은 당신이 평소 긍정적인 사고와 자유로운 영혼을 가지고 있는 사람이란 것을 알게 해준다. 전투에 참가하여 적에게 총부리를 겨누는 듯한 눈빛과 표정을 가지고 있다면 당신에게 접근하기 어려울 것이다. 밝은 모습에서 바른 마음과 정신이 표출되는 것이다. 당신이 설령 기분 나쁜 일이 있더라도 당신의 표정만큼은 밝아야 한다.

"안녕하세요. 처음 뵙겠습니다. 훌륭한 분이란 것을 많은 사람들로부터 들었습니다. 영광입니다."

상대방은 당신의 동작 하나하나에 관심을 기울이고 있다. 당신의 동작 하나에 대화의 활기를 띄는 경우도 있고 차갑게 식는 경우도 있다. 당신의 동작에 생기가 있고 당신의 목소리가 힘차다면 상대방도 당신과 대화하고 싶어 할 것이다.

인사 또한 중요하다. 인사는 처음 만나는 사람이든 오랫동안 관계를 유지해왔던 사람이든 상관없이 다음 대화의 방향을 결정하는 요소이다. 상대방은 인사하는 태도를 보고 '이 사람은 나를 존중해주는 사람이구나' 또는 '나를 업신여기는 사람이구나'를 판단하게 된다. 당신과 좋은 관계를 유지하는 사람을 만났을 때 친절하게 다가가 정성을 다해 "안녕하세요. 반갑습니다. 항상 신세 지고 있습니다"라고 말하면서 손을 내민다면 상대방은 존중받고 있다는 느낌을 받을 것이다. 상대방이 나이가 어린 사람이라도 마찬가지다. 윗사람이 정중하게 인사하거나 존중해주는 일은 기쁜 일이다.

그러나 대부분의 사람들은 인사를 정중하게 하지 않는다. 고개를 까닥하고 숙이는 정도로 인사를 마무리한다. 이런 인사를 받으면 아예 받지 않은 것보다 못하다. 인사법 하나에도 당신의 인격과 진심이 묻어난다는 것을 잊지 말아야 한다.

인사를 하면서 잊지 말아야 할 것이 악수이다. 악수도 방법이 있다. 악수를 하다 보면 너무 성의 없이 가볍게 하는 사람이 있다. 또한 악수를 하면서 다음에 인사할 사람의 눈을 먼저 바라보는 경우도 있다. 악수를 할 때는 어느 정도 손에 힘을 주고 상대방의 눈을 똑바로 쳐다보면서 해야 한다. 물론 여성과 악수를 할 때는 다소 가볍게 해도 상관은 없다.

또한 옷매무새도 첫인상을 결정하는데 중요하다. 가꾸지도 않은 꾀죄죄한 몰골로 상대방을 대한다면 상대방은 참 예의 없는 사람이라고 생각하기 마련이다. 상대를 존중하는 마음이 없기 때문에 자신을 가꾸지 않은 것은 아닐까? 상대의 거친 수염과 부스스한 머리 모양을 보고 내가 존중받는다는 느낌을 어떻게 받을 것인가?

말할 때의 자세도 중요하다. 허리는 곧게 세우고 다리는 가지런하게 맞대며 겸손한 모습을 해야 한다. 한때 모 대통령이 한국을 방문했을 때 주머니에 손을 넣고 우리 대통령과 악수를 하여 빈축을 산

적이 있다. 그 모습을 보는 사람도 기분이 좋지 않았는데 하물며 당사자는 어땠을까?

이렇듯 한 번 마음을 상하게 되면 다시는 상대방과 마음을 열고 대화하기 거북스러워진다. 마음을 열지 못하면 이후 대화도 자연스럽게 연결되지 못한다. 대화를 할 때는 상대방에 맞추어 최대한 예의를 갖추는 모습을 보여야 한다. 대화에 있어서는 속마음과 아울러 겉모습도 중요하다는 것을 잊지 말아야 한다. 물론 겉모습도 진정한 속마음이 바탕이 되어야 한다.

10
때론 위기의식을
조성하라

노키아는 1865년 프레데릭 이데스탐이 설립한 제지회사로 출발하여 1984년 휴대가 가능한 모비라 토크맨(Mobira Talkman) 전화기를 출시한 후 2011년까지 휴대전화 분야 시장점유율 1위 세계 최대 휴대전화 제조기업이었다. 그러나 스마트폰 경쟁에서 삼성과 애플에게 뒤져 몰락하고 말았다. 몰락한 원인은 '조직의 관료화와 경직', '지나친 비용 절감', '1등 기업으로 혁신보다 안정 추구' 등 한마디로 말하면 조직 내 위기가 없었기 때문이다.

반면 G.E는 1등 기업인데도 불구하고 조직의 관료화, 의사결정의 지연 등 조직 내 다양한 문제점을 위기의식으로 돌파하고 있다. 위기 상황의 기업이든 지속적인 성장을 하는 기업이든 어떤 기업이라도 위기의식이 없으면 기업의 존재가치를 상실하고 만다.

위기의식은 항상 필요한 것이다. 회사가 잘나가고 있든 어려움을 겪고 있든 직원들이 언제나 위기 상황임을 의식하고 업무에 임해야 한다. 그러나 우리 주위에는 강 건너 불을 보듯 위기 상황을 인식하지 못하는 경우가 많다.

"잘되고 있잖아?"

"내 일이 아닌데 뭐."

"대충하자고."

이런 분위기가 조성되면 조직의 팀워크가 와해되고 이기주의적인 사고가 팽대하여 위기 상황을 슬기롭게 대처할 수 있는 동력을 잃게 된다. 한 발만 잘못 삐걱하면 천길 낭떠러지기로 떨어지는 것이 지금의 경영 환경이다. 사업이 잘된다고 자신들의 일이 아니라고 생각하는 조직 구성원이 많으면 많을수록 언제 위기가 밀물처럼 다가올지 모른다.

보통 위기 상황이 닥쳐오면 조직구성원들의 결속력이 강화된다. 따라서 때론 위기 상황을 의도적으로 조성하는 것도 효과적인 관리 방법이다. 예를 들어 부하직원들의 팀워크가 와해되고 모래알 같은 조직의 모습을 보인다면 조직력을 강화시키기 위해 위기 상황에 직면하게 되었다고 분위기를 조성하는 것이다.

"현재 내외적으로 크나큰 시련이 닥쳐오고 있다. 이런 위기 상황을 극복하지 못하면 대대적인 구조조정이 불가피하다. 구조조정이 단행되면 여러분 각자에게는 어떤 상황이 닥쳐올 것인지 생각해 보길 바란다."

"이런 상황이 계속되면 1년 이내에 회사가 문을 닫을지도 모른다. 회사가 문을 닫으면 여러분들 모두 직장을 잃을 것이 분명하다."

어려운 상황을 조금 더 과장하여 위기의식을 조직 내에 전파하는 것이다. 인간은 기본적으로 위협을 느끼게 되면 본능적으로 위험을 회피하려는 노력을 기울이게 된다. 위기의식을 조성하기 위한 가장 좋은 방법은 이 상황이 개인에게 어떤 악영향을 주고, 어떤 결과를 낳게 될지 설명해주는 것이다.

위기가 닥치면 내부적으로는 이전보다 더욱 일치단결하게 된다. 위기가 코앞에 닥치지 않으면 결속의 필요성을 별로 느끼지 못한다. 위기의식은 집단으로 하여금 긍정적 행동을 유발하는 동기요인이 된다. 그러면 위기의식만 조성하면 그것으로 끝일까? 사후조치가 없다면 조직구성원들은 머지않아 위기를 위기로 보지 않으려는 행동을 보일 것이다. 따라서 조직 내에 위기의식을 조성한 이후에는 이에 대한 대책방안도 동시에 강구해야 한다.

물질적으로 풍요로운 삶을 살아가는 현대는 과거의 어려운 시절에 비하여 가족 내의 결속력이 떨어진다고 볼 수 있다. 어려운 시절에는 서로 협조하고 배려하지 않으면 가족이 해체되고 생존할 수 없었으므로 무의식적으로 '함께 열심히 살아보자'는 강한 동기가 있었다. 가난이 자랑은 아니지만 가족들의 결속과 유대를 높이고 가장의 권위를 높이는데 도움이 된다. 이것은 가정뿐만 아니라 조직이나 회사에도 적용할 수 있는 이야기다.

위기의식이 없으면 긴장하지 않고, 긴장하지 않으면 아이디어가 떠오르지 않으며, 아이디어가 없으면 신상품을 개발할 수 없고, 신상품이 없으면 기업이 생존할 수 없다.

11

간헐적 강화
방법을 활용하라

행동요법의 기본이 되는 것은 자극과 반응인데 이때 자극은 조건자극과 무조건 자극으로, 반응은 조건 반응과 무조건 반응으로 나뉜다.

- 자극 – 조건 자극, 무조건 자극
- 반응 – 조건 반응, 무조건 반응

조건 조작으로 예측 가능한 반응을 얻게 되는데, 이 같은 자극과 반응이 결합한 상태를 '조건 부여'라고 한다. 이는 상대가 내가 원하는 행동을 했을 때는 상을 주어 어떤 행동을 강화하도록 하는 것을 말한다.

예를 들면, 개에게 먹이를 보이면서 '앉아'라고 말하면 여러 가지 반응을 보인다. 그런데 앉는 반응을 보일 때에 한하여 먹이를 주는 것을 반복하면, 다음에는 '앉아'라는 말만으로도 앉게 된다. 이렇게 훈련에서는 특정한 반응(앉는)이 나타날 때에만 강화를 준 결과, 반응의 결과가 강해진다.

그런데 이런 조건 부여에 의하여 강화된 반응은 그 상(먹이)이나 칭찬이 갑자기 중단되면 그 행동을 줄이거나 중단하게 된다. 이렇게 행동한 이유는 상이 있었기 때문인데 상을 주지 않으면 행동 반응을 보이지 않는 것을 심리학에서는 '소거'라고 한다.

바람직하지 않은 행동, 특히 이전에는 보상을 받아 강화된 행동이지만 그 정도가 지나쳐 이제는 바람직하지 않게 된 행동의 발생을 억제시키는 것을 '소거'라고 말한다. 예를 들어 성공적 업무 처리에 대해 칭찬을 자주 하다가 상사가 더 이상 관심을 보이지 않으면 자기 스스로를 칭찬하던 부하가 자랑의 빈도를 줄이게 된다.

행동을 강화하는 방법에는 소거 이외에 적극적 강화(positive reinforcement), 회피(avoidance), 처벌(punishment)이 있다. 적극적 강화는 칭찬, 보상, 승진 등과 같이 바람직한 행동에 대해 바람직한 결과를 제공함으로써 행동의 빈도를 높이는 것을 말한다. 회피는 바람직하지 않은 결과를 회피시켜 줌으로써 바람직한 행동의 빈도를 늘리는 것이며, 처벌은 바람직하지 않은 행동에 대해 바람직하지 않은 결과를 제시함으로써 그 행동이 야기될 확률을 낮추는 강화 요인을 말한다.

그러면 상대방을 빈번히 상으로 유혹하지 않고도 행동을 강화시키는 방법이 없을까? 물론 방법이 있다. '간헐적 강화'라는 방법을 활용하면 된다. 잘한 행동에 대해 처음에는 매번 상을 주다가 일정한 시간이 경과하면 매번 상을 주지 않고 두 번에 한 번 또는 세 번에 한 번 꼴로 상의 횟수를 줄여가다가 나중에는 아주 간헐적으로만 상을 주는 것이다. 그래도 상대는 한 번 강화된 행동을 중단하지 않는다. 경험을 통해 언젠가는 상이 돌아올 것이라는 것을 알고 있기 때문이다. 보상에 대한 희망이 사라지지 않는 한 매번 상을 주지 않아도 강화된 행동을 반복해서 보일 것이다. 그래서 보상이 완전히 중단되더라도 언젠가는 보상을 받을 것이라는 희망이 그 행동을 계속하도록 만든다.

필자는 아들에게 용돈을 줄 때 간헐적 강화 방법을 활용한다. 노동에 대한 중요성을 일깨우기 위해 일을 시킨다. 구두를 닦으면 용돈을 주는 것이다. 그런데 구두를 닦아본 경험이 없고 성의가 없어 처음에는 엉망진창이다. 이러한 습관을 고치기 위해 구두를 깨끗하게 닦은 날은 용돈을 조금 더 두둑이 지불한다. 아이는 용돈을 더 받기 위해 정성을 다해 구두를 닦는다. 그리고 때때로 용돈을 지불하지 않는다. 간혹 용돈을 주지 않고 까먹는다 해도 한 번 학습된 강화요인은 사라지지 않는다. 언젠가 두둑한 용돈이 들어올 것이라는 것을 알기 때문에 구두 닦는 것을 포기하지 않는다. 구두 닦는 실력도 더불어 늘었다.

필자가 현업에 근무할 때의 일이다. 어느 날 L팀장이 업무성과가 극히 부진한 K과장 때문에 자문을 받으러 온 적이 있다. 도대체 동기들에 비해 업무성과가 나지 않는다는 하소연이었다. 야단도 치고 윽박지르기도 했지만 아무 소용이 없다는 것이었다. 그래서 내가 내린 결론은 '간헐적 강화' 방법을 활용하라는 것이었다. 간헐적으로 대중이 모인 자리에서 극한 칭찬을 해주라는 것이었다. 그리고 몇 개월 후 업무 성과가 급격히 향상되고 태도도 달라졌다는 이야기를 들었다. 지속적인 칭찬은 자칫 자만심에 빠질 수 있는 위험이 있다. 또한 칭찬에 무감각해진다. 이런 사람에게는 '간헐적 강화' 방법이 최선이다